DELIUS KLASING

Ulrich von Hintzenstern · Gisela Auschra

# Chartern ohne Risiko

Delius Klasing Verlag

Bibliografische Information Der Deutschen Bibliothek

Die Deutsche Bibliothek verzeichnet diese Publikation in der
Deutschen Nationalbibliografie; detaillierte bibliografische Daten
sind im Internet über »http://dnb.ddb.de« abrufbar.

5., aktualisierte und erweiterte Auflage
(Die Veröffentlichung der bislang erschienenen Auflagen erfolgte unter den Auto-
rennamen »Herrmann / v. Hintzenstern«.)
ISBN 3-87412-124-0
© by Delius Klasing Verlag GmbH, Bielefeld

Titelfoto: Michael Amme
Druck: Ludwig Auer GmbH, Donauwörth
Printed in Germany 2003

Delius Klasing Verlag, Siekerwall 21, D-33602 Bielefeld
Tel. (0521) 559-0, Fax (0521) 559-115
E-mail: info@delius-klasing.de
www.delius-klasing.de

# Inhalt

# Vorwort

Chartern – was bedeutet das eigentlich?
Der Begriff kommt ursprünglich aus der englischen Handelsschifffahrt und bezeichnet heute in der Logistik die Miete eines Verkehrs- oder Transportmittels oder von Teilen seines Laderaums zur Beförderung von Gütern oder Personen. Die Verwendung im Bereich der Sportschifffahrt – einmal abgesehen vom Gütertransport – ist vergleichbar: Wer chartert, geht ein Mietverhältnis, gegebenenfalls ein Untermietverhältnis ein.

Während wir alle mit größter Selbstverständlichkeit Wohnungen oder Autos mieten, sind wir bei der Anmietung eines Schiffes, gerade auch als Anfänger, eher verunsichert. Und das beginnt lange vor Vertragsabschluss.

Durch den Boom im Wassersport hat sich ein breitgefächertes und unüberschaubares Angebotsspektrum entwickelt, das es dem Einsteiger nicht unbedingt erleichtert, etwas Passendes zu finden. Möglichkeiten gibt es für alle – egal welchen Alters oder Geschlechts, ob mit seglerischen Kenntnissen und Fertigkeiten oder ohne –, aber was ist genau das Richtige für mich? Welche Formen des Charterns gibt es? Wo liegt der persönliche Schwerpunkt: eher beim Segeln oder eher beim Urlaub? Bin ich nicht nur willens, sondern auch in der Lage, schon selbst zu »skippern«? Zu diesen und ähnlichen Fragen werden in *Kapitel 1* Orientierungshilfen angeboten.

Sicherlich muss jeder seine Erfahrungen selbst machen, auch ein angehender Charterskipper. Doch einige Fehler und böse Überraschungen lassen sich durch gute Planung und Vorbereitung vermeiden. Dazu gehört zunächst die Zusammenstellung der Crew, dann die Wahl des Segelgebiets und der Route sowie die Auswahl des Boots, in dem genug Platz sein sollte, damit vier bis acht Menschen über einen durchschnittlichen Zeitraum von zwei Wochen harmonisch miteinander leben können – Hinweise und Tipps hierzu in den *Kapiteln 2 bis 4*.

Wenn so weit dann alles klar ist, muss ein Vercharterer gefunden werden. Aber wie finde ich ein seriöses Unternehmen? Ratschläge gibt's in *Kapitel 5*.

Weiter geht es mit den Formalitäten in *Kapitel 6*. Von zentraler Bedeutung ist der Chartervertrag, der ausführlich, von der Kaution bis zur Haftung, mit allen juristischen Kinken beleuchtet wird. Ferner: Welche Versicherungen müssen abgeschlossen werden, welche zusätzliche Versicherung ist sinnvoll?

Über Geld redet man nicht? Wir schon, in *Kapitel 7*. Da rechnen wir Ihnen nämlich vor, was Sie der ganze Spaß kosten wird – eine kleine Anleitung zur Kalkulation der Gesamtkosten.

Die *Kapitel 8 bis 10* enthalten Ratschläge für die praktische Vorbereitung und Organisation des Törns. Was ist unentbehrlich im Seesack und worauf ist bei der Bootsübernahme zu achten? Anhand von Checklisten können Sie prüfen, was Sie sonst vielleicht vergessen hätten. Ein paar Anregungen zur Gestaltung des Bordlebens helfen Ihnen eventuell bei der Vermeidung von unnötigen Konflikten.

Abschließend haben wir in *Kapitel 11* Informationsquellen und Adresslisten zusammengestellt, damit Sie zur einen oder anderen Frage noch weitergehende Informationen einholen können.

Unter Berücksichtigung der Tatsache, dass man sich nicht gegen alles versichern kann und dass das Leben an Bord eines Charterschiffes trotz aller Vorplanung voller Überraschungen ist, wünschen wir stets eine Handbreit Wasser unterm Kiel!

Für wertvolle Hinweise und Informationen danken wir Ruth Auschra (Stuttgart), Dr. Hans-Gerd Brummel (Orlando/USA), Dr. Thomas Facklamm (Wiesbaden), Jürgen Feyerabend (Hamburg), Marc M. Kaiser (Damp), Hans-Walter Müller (Hamburg), Martin Muth (Hamburg), Dr. Irmtraud Nies (München), Thomas Ross (Kiel), Heike Wenck (Hamburg) sowie Dr. Jutta v. Hintzenstern (Spardorf) als Koautorin der ersten vier Auflagen von *Chartern ohne Risiko*.

# 1. Chartern – entdecke die Möglichkeiten

Für Freunde des Segelsports hat das goldene Zeitalter bereits begonnen: Der Chartermarkt macht's möglich. Segler und (Noch-)Nicht-Segler können aus einem breit gefächerten Angebot ihren Traumtörn wählen und so selbst die entlegensten Winkel der Erde für sich entdecken und das auch noch zu erschwinglichen Preisen – für jeden Geldbeutel ist etwas dabei. Der Charterer kann Freiheit und Abenteuer auf den sieben Weltmeeren für zwei Wochen online buchen, zum Ausgangshafen jetten und muss nur noch an Bord des fix und fertig bereitstehenden Schiffes gehen und die Leinen loswerfen. Er genießt alle Vorzüge eines Urlaubs auf dem Wasser und spart Zeit, Mühe und Kosten, die ein Bootseigner in sein Hobby investieren muss.

Die Vorteile sind so überzeugend, dass selbst Bootseigner häufig Charterkunden sind, wenn nämlich ihr Schiff im Winterlager und das Wetter zum Segeln in einheimischen Gewässern zu schlecht ist. Der Charterer kann verschiedene Schiffe ausprobieren oder immer mit dem gleichen Typ fahren, er kann jedes Jahr ein neues Revier erkunden oder immer auf der Ostsee segeln, er kann mit verschiedenen Crews fahren oder immer mit seiner Familie. Wenn er mal richtig relaxen möchte, heuert er ein Schiff mit Skipper oder chartert eine Koje. So einfach ist das – oder doch nicht?

Im Folgenden eine kleine Übersicht über den Markt der Möglichkeiten, beginnend mit der Bareboat-Charter, die mit etwa 80 % am Gesamtchartermarkt das Chartergeschäft dominiert, über verschiedene Varianten des Kojencharterns bis hin zu Flottillentörns und Fun-Regatten.

## Bareboat-Charter

Bareboat (englisch) bedeutet soviel wie »Boot bar der Mannschaft«, also ohne Mannschaft. Ein Bareboat-Charterer mietet nur das Schiff und stellt selbst den Skipper und die Crew und wird daher auch als Selbstfahrer oder Einzelcharterer bezeichnet.

- In der Ausrüstung (s. Kap. 4) dürfen die solchermaßen gemieteten Schiffe die jeweiligen gesetzlich vorgeschriebenen länderspezifischen Minimalstandards nicht unterschreiten. Was darüber hinaus geht, ist abhängig vom Vercharterer.
- Die Person, die die Funktion des Skippers, d. h. des verantwortlichen Schiffsführers übernimmt, sollte auf Seerevieren mindestens im Besitz des Sportküstenschifferscheins (SKS) sowie eines Funkzeugnisses für den mobilen Seefunkdienst (SRC) sein, zusätzlich ein Skippertraining absolviert haben und möglichst viel Segelerfahrung mitbringen. Es gibt zwar immer noch Gebiete ohne Führerscheinpflicht für Charterskipper (z. B. IJsselmeer in Holland), nur wer sich darauf einlässt, geht ein sehr hohes Risiko ein, weil im Schadensfall für einen Deutschen nach deutschem Recht geurteilt wird. Dabei kann das Skippern ohne den Besitz eines Führerscheins schon als Verletzung der Sorgfaltspflicht ausgelegt werden.
- Wenn ein Charterskipper wegen des Preisvorteils eine Yacht direkt vom Eigner mieten möchte, sollte er sich unbedingt vergewissern, dass alle vorgeschriebenen Papiere vorliegen: Auf deutschen Bundeswasserstraßen wird ein von den Wasser- und Schifffahrtsbehörden ausgestelltes *Bootszeugnis* verlangt, im Ausland muss eine *Charterlizenz* nachgewiesen werden. Ein Skipper, der ohne diese Dokumente losfährt, macht sich strafbar.
- Die durchschnittliche Dauer eines Bareboat-Chartertörns beträgt ein bis zwei Wochen. Zunehmend haben Vercharterer jedoch auch die früher als Eignerprivileg geltenden Wochenendtörns im Angebot. Gebucht werden können sie lange im Voraus oder – im Hinblick auf die Wettervorhersage günstiger – »last minute«. Empfohlen wird hierbei aufgrund der Kürze der Zeit die Wahl eines bekannten Reviers und Schiffstyps.
- Insgesamt bietet diese Art des Charterns den größtmöglichen Spielraum für Unabhängigkeit. In der Regel kennen sich die Mitglieder einer Crew und

haben in der Törnplanung und Organisation einen gemeinsamen Nenner für ihre Interessen gefunden. Bei der Durchführung des Törns ist die Charter- gruppe völlig frei und auf sich gestellt, d. h. alle anfallenden Arbeiten, For- malitäten und Probleme müssen eigenständig bewältigt werden. Insbeson- dere für Skipper, die zum ersten Mal unterwegs sind, gilt daher: Fahren Sie mit einer segelerfahrenen Crew, die Sie in schwierigen Situationen unterstüt- zen kann! Alles an Bord kann kaputt gehen: Segel, Motor, Ruder, Klo – und was machen Sie dann? Haben Sie Schwerwettererfahrung? Bedenken Sie: Das Gelingen eines Törns hängt allein von der Einsatzbereitschaft und vom Können des Skippers und seiner Crew ab. Eine solche Segeltour bringt der Besatzung meist wertvolle Erfahrungen und sicher auch Erfolgserlebnisse.

Alle weiteren Fragestellungen im Zusammenhang mit der Bareboat-Charter werden in den folgenden Kapiteln ausführlich erörtert: die Zusammenstellung der Crew, die Auswahl des Reviers, des Bootes und des Vercharterers, der Ver- trag, Versicherungen, die Übernahme des Schiffs und die praktische Organisa- tion und Vorbereitung eines Törns.

## Skipperheuer

Bei manchen größeren Charterfirmen können Yachten mit Skipper gechartert werden. Dadurch besteht selbst für Nichtsegler die Möglichkeit, auf »eigenem« Boot einen Urlaub auf dem Wasser zu verbringen. Aber auch Segler, die sich noch nicht zutrauen, allein ein Boot zu skippern, oder zum ersten Mal mit einem größeren Boot auf Fahrt gehen wollen, können von einer solchen Lösung profi- tieren. Man schippert unter Führung eines Experten, kann Segeln lernen und sich in die »Geheimnisse« der Törnplanung und Yachtführung einweihen lassen.

Mit dem Anheuern eines Skippers geht man allen Schwierigkeiten mit Schiff und Behörden aus dem Weg, denn für all das ist der Schiffsführer verantwortlich.

Man muss im Ausland jedoch damit rechnen, dass der Skipper nur Englisch oder Französisch spricht. Ferner ist zu berücksichtigen, dass eine fremde Person das Kommando hat. Passt der Skipper zur Crew, kann seine Anwesenheit eine Be- reicherung sein. Kommt es hingegen zu Differenzen, so kann das auch schon mal zu einer vorzeitigen Beendigung des Törns führen.

Diese Art des Segelurlaubs birgt also gerade im zwischenmenschlichen Bereich gewisse Unwägbarkeiten, über die man sich im Klaren sein muss. Hinzu kommt, dass sie einiges kostet.

## Hausboot-Charter

Beim Chartern von Hausbooten handelt es sich um eine Sonderform der Bareboat-Charter (s. d.), und zwar insofern, als hier tatsächlich ohne jeden Erfahrungsnachweis oder Führerschein Schiffe gechartert und geführt werden dürfen, allerdings mit der Beschränkung auf hierfür freigegebene Binnenreviere. In anderen europäischen und überseeischen Staaten ist diese Möglichkeit der Urlaubsgestaltung auf dem Wasser längst etabliert, seit dem 15. April 2000 dürfen nun auch in Deutschland auf bestimmten einheimischen Gewässern diese schwimmenden Ferienwohnungen ihre Bahnen ziehen. Nautisch völlig unvorbelastete Menschen können Hausboote mieten und erhalten nach einer dreistündigen theoretischen und praktischen Einführung den so genannten *Charterschein*, eine Art Berechtigungsnachweis für die Dauer des Charterurlaubs mit Gültigkeit für Motorkabinenkreuzer bis zu 13 m Länge und geschwindigkeitsreduziert auf 12 km/h. Mit maximal 10 Personen an Bord kann es dann losgehen – Freizeitskipper ahoi!

Die Bedenkenträger können beruhigt sein: Nach nunmehr über dreijähriger Erprobung hat sich der Charterschein bewährt, und es wird sogar schon an eine Erweiterung der Revierflächen gedacht.

Mit dieser Regelung können Menschen ohne ausgeprägten Bezug zum nassen Element einen völlig unkomplizierten Zugang zum Wassersport finden, und auch Leuten, die keine sportlichen Ambitionen haben, sondern »nur« einen schönen Urlaub verbringen möchten, eröffnen sich gänzlich neue Perspektiven.

Hervorragend geeignet sind Hausbootferien für Familien mit Kindern, weil die Schiffe geräumig und kindgerecht (z. B. Reling) gebaut sind und das Ganze auch noch pädagogisch besonders wertvoll ist: Kinder entdecken und erleben das Schiff und die »Wasserwelt« und lernen womöglich mehr, als in einem halben Jahr Biologie-, Physik- und Geografieunterricht in der Schule.

Anregungen zur Auswahl des Schiffs, der Crew, des Reviers und Informationen zu Versicherungen finden Sie in weiteren Kapiteln des Buches. Dennoch sollten Sie sich von Ihrem Vercharterer umfassend beraten lassen. Wenn Sie in einem Reisebüro buchen wollen und entsprechende Auskünfte nicht zu erhalten sind, versuchen Sie es lieber bei einem anderen Unternehmen noch einmal.

## Kojencharter – Einzelbucher

Ein Kojencharterer oder auch Einzelbucher chartert eine Koje auf einem Schiff für einen Törn seiner Wahl, sozusagen als Untermieter auf Zeit. Der Vercharterer oder die Charteragentur vermietet hierbei also nicht das ganze Schiff, sondern jede Koje einzeln und hat ein Interesse daran, möglichst alle Kojen zu belegen, bis das Schiff voll ist. Wie viele Kojen gibt es auf einem Schiff? Das ist sehr unterschiedlich, weil abhängig vom Schiffstyp, wie auch die Anordnung der Kojen innerhalb des Schiffs sehr unterschiedlich sein kann. Auf alle Fälle ist es empfehlenswert, sich vor der Buchung über die Kabinenaufteilung des Schiffes zu informieren.

### Was erwartet den Kojencharterer?

- Auf modernen Yachten überwiegen die Doppelkabinen, sowohl im Stockbettmodell als auch im »Ehebett«-Modell. Wer als Single unterwegs ist, muss bei dieser Art des Charterns damit rechnen, eine Doppelkoje mit einer unbekannten Person teilen zu müssen. Wem diese Vorstellung unangenehm ist, sollte versuchen, doch lieber gleich mit einem Freund oder einer Freundin im »Doppelpack« eine ganze Kabine zu besetzen, was den weiteren Vorteil hat, dass man an Bord wenigstens diese eine Person schon kennt und sich von Anfang an nicht alleine fühlt.
- Wenn ein hochgewachsener Mensch mit stattlichem Leibesumfang z. B. für eine Stockbettkoje eingeteilt wird, wird er nachts die Beine anziehen müssen und Schwierigkeiten beim Umdrehen haben, weil er oben anstößt. Jemand mit empfindlichen Ohren beispielsweise für Schnarchgeräusche sollte vorsorglich Ohropax im Reisegepäck mitführen. Wenn Salonbelegung vorgesehen ist, wird es wirklich eng – eine Koje dort kann eigentlich nur als »Notkoje« bezeichnet werden, weil sie tagsüber geräumt werden muss.

- Auf etwas andere Bedingungen stößt der Kojencharterer bei Groß- und Traditionsseglern. Hier reicht das Angebot von der schwimmenden Jugendherberge mit spartanischen Pritschen im Schlafsaal bis zum segelnden Luxushotel, in dem eine erlauchte, d. h. zahlungskräftige Schar auserwählter »Segler« von einem Fünf-Sterne-Koch verwöhnt wird.

## Kosten

Sollte eine Yacht nicht ausgebucht sein und der Kojencharterer so unerwartet zum Luxus einer Doppelkabine gelangen, wird er manchmal auch mehr zahlen müssen, wenn nämlich der Gesamtcharterpreis für das Schiff auf die Anzahl der Teilnehmer umgelegt wird.

In der Chartergebühr für die Koje sind meistens weitere anfallende Kosten nicht enthalten, wie z. B. eigene An-, Abreise und die des Skippers, Liege- und Hafengebühren, Proviant und Verpflegung des Skippers, Diesel, Ausgaben für Landgänge und Restaurantbesuche und Sonstiges. Auch hier gilt es also, sich vorher zu informieren.

## Welche Voraussetzungen muss ein Kojencharterer mitbringen?

- Segelerfahrung benötigt ein Einzelbucher in der Regel nicht, denn es befindet sich ein erfahrener Skipper an Bord. Weil der aber auch nicht alles alleine machen kann, wird neben dem Interesse am Segeln meist auch die Bereitschaft zur Übernahme verschiedener Arbeiten erwartet, wie z. B. Wachegehen, Backschaft etc. Manchmal wird dieses erwartete Verhalten sogar im Kojenchartervertrag ausdrücklich erwähnt. Wenn allerdings außer dem Skipper noch eine Stammcrew mitfährt, kann sich der Kojencharterer zurücklehnen und Urlaub machen – seine Mithilfe wird nicht benötigt, darf aber selbstverständlich angeboten werden.
- Ein paar persönliche Eigenschaften wie Selbstbewusstsein, Offenheit, Toleranz, Kompromiss- und Teamfähigkeit und eine gewisse Risikobereitschaft gehören zum Kojenchartern ebenfalls dazu. Es können zwar vor Törnbeginn auf Wunsch der Teilnehmer Adressenlisten verschickt werden, um z. B. eine gemeinsame Anreise oder eine Kennenlernrunde zu ermöglichen, doch was hier gut und wünschenswert wäre, kann in der Praxis leicht daran scheitern, dass die zukünftige Crew aus allen Teilen der Republik anreist.

• Sollte Ihr Veranstalter Ihnen vor der Buchung keine weiteren Fragen zu Ihrer Person stellen, erkundigen Sie sich sicherheitshalber bei ihm, nach welchen Kriterien die Crew zusammengestellt wird: Segelerfahrung ja/nein, Alter, Geschlechterverteilung, Raucher/Nichtraucher, Paare oder Singles usw. Nur so können Sie herausfinden, worauf Sie sich einlassen und ob der Törn Ihren Vorstellungen und Erwartungen entspricht. Als kontaktfreudiger Mensch mit der Motivation, neue Leute kennen lernen zu wollen, bringen Sie wichtige Voraussetzungen für das Zusammenwachsen der Crew mit, und nicht selten trifft sich die Gruppe im nächsten Jahr zu einem weiteren Segeltörn.

**Törnverlauf und Törnangebote**

Inwieweit bei Kojencharter der Einzelne seine Vorstellungen hinsichtlich Routenplanung und Gestaltung einbringen kann, hängt sehr stark vom Anbieter ab. Oft wird einfach ein festgelegter Törnplan abgefahren, exakt so, wie er auch gebucht wurde.

Im Bereich des Kojencharterns gibt es inzwischen ein ausgesprochen differenziertes Angebot. Die Fantasie der Veranstalter scheint nahezu unbegrenzt: vom Leitmotiv Erholungsurlaub (manchmal sogar mit Übernachtung im Hotel) über das eigentliche Segeln bis hin zum individuellen Hobby; ein paar Beispiele ohne Anspruch auf Vollständigkeit:

*Flottillentörns (s. d.)* – Singles oder Paare, die keine eigene Crew zusammenstellen können, aber dennoch nicht aufs Küstensegeln verzichten wollen, können sich bei Vercharterern von Flottillenyachten um einen Platz auf einer Yacht für Kojencharter bewerben. Befindet sich auf dem Boot ein vom Vercharterer eingesetzter Skipper, benötigen die Einzelbucher keine Segelerfahrung. In diesem Fall ist nur die Mithilfe bei allen anfallenden Arbeiten an Bord Bedingung. Andernfalls muss mindestens einer pro Boot gute Sportbootführerschein-Binnen-Praxis besitzen, um das Schiff skippern zu können. Erhält man einen Platz auf dem Serviceboot zugeteilt, nennt sich diese Charterform »Urlaub auf dem Mutterschiff«.

*Sprachtörns* – In entspannter Atmosphäre findet an Bord täglich beispielsweise Französisch- oder Spanischunterricht statt. Beim Landausflug, Marktbesuch oder in der Hafenkneipe kann das frisch gelernte Sprachwissen gleich in der Praxis angewendet werden.

*Hobbytörns* – Neben dem Segeln besteht täglich ausreichend Zeit z. B. zum Tauchen, Golf- oder Tennisspielen etc. Selbst Aquarellmalkurse unter fachlicher Anleitung an Bord werden angeboten. Bei Fahrradtörns wird jeden Tag von einem anderen Hafen aus eine Fahrradtour unternommen. Bei Fototörns sind gemeinsame Fotoexkursionen vorgesehen (die Filme werden anschließend im bordeigenen Labor entwickelt).

*Kulturtörns* – Archäologietörn auf den Spuren antiker Tempel, Theater und Heiligtümer oder als Törn in die nordische Schifffahrtsvergangenheit mit entsprechenden Vorträgen und Exkursionen, Segeln auf Wikingerschiffen

*Reisetörns* – Kombination von Segeln und Safari in südafrikanischen Ländern oder in die Antarktis

*Beauty-Törns* – Urlaub auf einer segelnden Schönheitsfarm

*Single-Törns* – Segeln mit hohem Flirtfaktor

*»Piraten«-Törns* – Törns für Familien mit Kindern

*Verwöhn-Törns* – Nicht eben preiswerte Erholung: Luxuscharter mit Vollpension

*Ausbildungstörns (s. d.)* – Manöverübungen mit dem Ziel, zum Abschluss des Törns eine praktische Prüfung für einen Segelführerschein zu bestehen

*Katamaran- und Trimaran-Törns* – Kojencharter auf Mehrrumpfbooten

*(Fun-)Regatta-Törns (s. d.)* – Mit einer Rennyacht wird täglich hart trainiert oder an einer Regatta teilgenommen. Zusätzlich wird ein Exkurs in Regattatechnik angeboten.

*Frauentörns (s. d.)* – Ausbildungs- und Urlaubstörns für Frauen

*Gourmet-Törns / Segeln und gesunde Ernährung* – Einhaltung einer besonderen Diät während des Törns

*Wellness-Törns* – Gesundheitssegeln unter ärztlicher Anleitung und Betreuung

*Hochsee- und Langstreckentörns auf Cruiser-Racer-Yachten* – Ein sportliches Vergnügen auf hochseetauglichen Regattarennyachten

*Manager- und »Teambuilding«-Törns* – Firmentörns im Rahmen der Personalentwicklung gehören zum Bereich des so genannten Corporate Charter

**Versicherungsschutz bei Kojencharter**

Wer über eine Agentur bucht, sollte vorher klären, ob der Vertrag nur vermittelt wird oder ob die Agentur Reiseveranstalter und somit auch Vertragspartner ist, um gegebenenfalls die Sicherheit zu haben, dass der Gerichtsstand in Deutschland ist. Personen- und Sachschäden können auch beim Kojenchartertörn auftreten. Deshalb sollte man den Mitsegelvertrag kritisch überprüfen, ob für die Yacht eine *Kaskoversicherung mit erweitertem Deckungsschutz für Charterzwecke* abgeschlossen ist und ob der Eigner über eine *Bootseigner-Haftpflichtversicherung*, ebenfalls mit erweiterter Deckung für den Chartereinsatz, verfügt.

Das heißt: Ist der Kojencharterer gegen die von ihm z. B. als Rudergänger verursachten Schäden am eigenen oder an fremden Schiffen abgesichert, vorausgesetzt, er hat nicht vorsätzlich oder unter Missachtung der Skipperanweisungen gehandelt? Wird die Eigenbeteiligung im Schadensfall vom Skipper, vom Verursacher oder von allen getragen?

Darüber hinaus sollte dem Vertrag ein *Sicherungsschein* beiliegen, welcher besagt, dass die lange vor Reiseantritt zu entrichtende Chartergebühr im Falle des Konkurses Ihres Vertragspartners an Sie zurückerstattet wird.

Sind diese Punkte im Vertrag nicht exakt fixiert, sollte man diese Auskünfte vor Vertragsunterzeichnung anfordern und sich entsprechend schriftlich bestätigen lassen.

## Mitsegeln

Mitsegeln ist ein anderer Begriff für Kojencharter (s. d.), der überwiegend von Privatleuten oder Semi-Professionellen in den Kleinanzeigen von Segelzeitschriften und im Internet verwendet wird, um unter der Überschrift »Mitsegler gesucht« ihre freien Kojen zu füllen. Anreiz ist oft der günstigere Preis des Privatanbieters. Hierfür muss man Risiken eingehen. Im Gegensatz zum Kunden eines professionellen Charterunternehmens wissen Mitsegler nicht, zu wem sie da an Bord gehen: Handelt es sich um einen unerfahrenen Skipper, der Unterstützung beim Segeln braucht? Hat ein Skipper ein Schiff gechartert, um mit seinen Mitseglern ein kleines Geschäft zu machen? Ist in einer festen Crew kurzfristig einer ausgefallen, so dass es erforderlich ist, einen Mitsegler als »Sparschwein« für die Urlaubskasse mitzunehmen? Oder will ein Schiffseigner seine Kosten etwas kompensieren?

Wer sich auf ein Mitsegelangebot einlassen möchte, sollte sich vorher sehr genau über den Hintergrund und die Umstände informieren und unbedingt vor Vertragsabschluss ein Treffen vereinbaren. Denn weil ein Mitsegler sich an die Gegebenheiten anpassen muss und meistens keinen Einfluss auf Route oder Gestaltung des Törns hat, sollte er sich sowohl mit den Menschen als auch mit der existierenden Planung gut arrangieren und anfreunden können. Für den Fall, dass unterwegs gravierende Probleme auftreten, muss ein Mitsegler bereit sein, von Bord zu gehen. Er sollte daher ein Revier bevorzugen, in dem er notfalls auch spontan einen Teil seines Urlaubs an Land verbringen könnte.

Mitsegeltörns müssen, genau wie andere Chartertörns auch, vor Törnbeginn bezahlt werden. Die Chancen, hier sein Geld zurückzubekommen, falls der Törn aus irgendeinem Grunde platzen sollte, sind jedoch noch weitaus schlechter als bei einem Charterunternehmen. Lassen Sie sich daher am besten auf keine Unternehmung ein, wenn Ihnen für Ihre Anzahlung kein Sicherungsschein gegeben wird.

## Hand gegen Koje

Nach guter alter Seemannstradition bedeutet »Hand gegen Koje« die Bezahlung einer Passage durch Arbeitsleistung bei freier Kost und Logis und ist insofern eine Sonderform des Kojencharter (s. d.). Wer auf dieser Basis auf ein Angebot eingeht, muss tatsächlich etwas zu bieten haben, z. B. ein ausgezeichneter Segler oder Mechaniker sein. Neben dieser althergebrachten Auffassung scheint sich heute eine sehr viel weitere Auslegung des Begriffs durchzusetzen. Um sich ein Bild davon zu machen, kann sich der Leser im Internet z. B. im YACHT-Forum (www.yacht.de) zu diesem Thema informieren.

Ein »Hand gegen Koje«-Angebot kann alles Mögliche auch außerhalb seemännischer Arbeiten an Bord beinhalten, Beteiligung an der Bordkasse und eigene Finanzierung der Reisekosten können auch zu den Bedingungen gehören. Von entscheidender Wichtigkeit ist, dass sich die Vertragspartner über ihre gegenseitigen Erwartungen aufklären und einig werden. Dazu gehört, sich vorher kennen zu lernen und sich Informationen vom Skipper und über sein Schiff einzuholen.

Eine Koje ohne Gegenleistung, kostenloser Urlaub auf dem Schiff – das gibt es nicht, und darüber sollte sich jeder im Klaren sein, bevor er auf dem Atlantik segelt und nicht mehr aussteigen kann. Die beste Möglichkeit, um vertrauenswürdige Kontakte aufzubauen, ist der Eintritt in einen Segelverein. Wer in diesem Rahmen sein Interesse an »Hand gegen Koje«-Arrangements bekannt macht, wird mit Sicherheit früher oder später eine entsprechende Törngelegenheit erhalten und hat danach Referenzen vorzuweisen, die ihn für weitere Törns bei anderen Schiffseignern empfehlen.

Da es nicht üblich ist, schriftliche Verträge abzuschließen, gehören Verlässlichkeit und Vertrauenswürdigkeit auf beiden Seiten zu den entscheidenden Faktoren für eine Übereinkunft. Sofern die Voraussetzungen stimmen, stellt ein Segeltörn im Bereich »Hand gegen Koje« eine überaus kostengünstige Alternative zur Kojencharter bei kommerziellen Anbietern dar.

## Ausbildungstörn

Auf Ausbildungstörns werden praktische Segelfertigkeiten und die Anwendung theoretischer Kenntnisse in der Praxis eingeübt. Es gibt Ausbildungstörns zur Erlangung eines Segelscheins – hierzu gehören der *Sportküstenschifferschein* (SKS), der *Sportseeschifferschein* (SSS) und der *Sporthochseeschifferschein* (SHS) –, die mit einer Prüfung abgeschlossen werden, und Schulungstörns wie z. B. Skippertraining, Schwerwettertraining, Blauwassertraining, deren Ziel eher die Auffrischung von Kenntnissen und Fertigkeiten oder die Vorbereitung auf geplante Törns ist.

Segelschulen, Vereine und Charterunternehmen bieten regelmäßig Ausbildungstörns an. Manche setzen dabei eigene Schiffe ein, andere Charterschiffe. Teilnehmen können alle, die die entsprechenden Voraussetzungen mitbringen, d. h. in der Regel die Theorieprüfung zum anstehenden Praxistörn oder den SKS für ein Skippertraining.

Normalerweise stellt es aber kein Problem dar, wenn jemand als »Gast« einen

Ausbildungstörn mitmachen möchte, einmal vorausgesetzt, es ist noch eine Koje frei. Die Prüfung entfällt selbstverständlich in diesem Fall.

Wer beispielsweise Kenntnisse erneuern will, Meilen für den nächsten Schein sammeln muss oder Gleichgesinnte kennen lernen möchte, mit denen später vielleicht ein eigener Törn organisiert werden kann, sollte eine Teilnahme als Mitsegler (s. d.) durchaus in Betracht ziehen. Die Buchung erfolgt per Kojencharter (s. d.), und die Dauer eines Ausbildungstörns beträgt ein oder zwei Wochen.

In der Durchführung von Ausbildungstörns stecken nur geringe Gestaltungsspielräume; geübt wird, was prüfungs- und praxisrelevant ist: Manöver, Navigation, Nachtfahrten. Zusätzlich muss ein Meilennachweis erbracht werden. Frei verfügbare Zeit für Landgänge gibt es kaum. Die Prüfungen finden üblicherweise am vorletzten Tag statt und werden von Prüfern des Lenkungsausschusses des Deutschen Segler-Verbandes (DSV) und des Deutschen Motoryachtverbandes (DMYV) abgenommen, für deren Reisekosten die Prüflinge aufzukommen haben.

Die Qualität eines Ausbildungstörns hängt fast ausschließlich vom Ausbildungsskipper ab, für den Spaß an der Sache ist die Zusammensetzung der Crew ziemlich entscheidend. Insgesamt kann solch ein Törn sehr anstrengend, aber auch sehr befriedigend sein und ist wohl eher der Kategorie Aktivurlaub und nicht so sehr der Kategorie Erholungsurlaub zuzurechnen.

## *Frauentörn*

Geschlechtsspezifische Segelangebote für Frauen – macht das Sinn? Expertinnen und Experten sind sich einmal einig und behaupten: ja. Lange vorbei die Zeiten, als Frauen wegen vermeintlichen Heraufbeschwörens von Unheil über Bord geworfen wurden. Nun auch aus und vorbei die Zeiten, wo Frauen sich mit ihren zahlen- und kräftemäßig überlegenen männlichen Seglerkollegen um die Bedienung der Winschkurbel balgen mussten. Frauentörns werden mittlerweile angeboten als »Schnupper«- und Urlaubstörns sowie Ausbildungstörns (s. d.) inklusive Skipperinnentraining und sind zu buchen als Kojencharter (s. d.). Frauen sollen dabei ihren eigenen Zugang zum immer noch als »Männersport« geltenden Segeln finden können und Sicherheit und Kompetenz in der verantwortlichen Schiffsführung gewinnen. Eine solchermaßen mutierte »Kombüsen-fee« wird auch einen über Bord gefallenen Skipper durch ein geschicktes Mann-über-Bord-Manöver retten können, statt ihn – wie einige tragische Unfälle gezeigt haben – in dieser Situation völlig hilflos und überfordert seinem Schicksal zu überlassen.

## Flottillensegeln

Die Idee zum Segeln in einer kleinen Flotte stammt von Engländern und wurde erstmals vor einigen Jahren im Ionischen Meer erprobt. Dank zunehmender Beliebtheit wird Flottillensegeln inzwischen nicht nur in weiteren Mittelmeerländern, in der Karibik oder auf den Bahamas angeboten, sondern sogar im ostfriesischen Wattenmeer und in Finnland.

Die Idee ist einfach: Fünf bis zwanzig Schiffe meist gleichen Typs segeln in Begleitung eines so genannten »Mutterschiffs«, auch Service- oder Sicherungsboot genannt. Die Leitung der Flottille hat ein erfahrener Kapitän an Bord des Mutterschiffs, und je nach Größe des Verbandes wird er von einer Assistentin/Hostess und einem Mechaniker (»engineer«) unterstützt.

### Für wen eignen sich Flottillentörns?

Zielgruppen sind »Neuskipper«, die sich einen eigenen Törn noch nicht zutrauen; Binnensegler, die erste Küstenerfahrungen sammeln wollen; Segler, die neue Reviere unter kompetenter Führung durch Ortskundige kennen lernen wollen; Segler, die zu wenig Zeit für eine intensive Vorbereitung und Organisation eines eigenen Törns haben; Segler, die die Geselligkeit einer Seglergruppe suchen; und Familien mit Kindern, auf die vieles des bereits Gesagten zutrifft – die Eltern werden im seglerischen und organisatorischen Bereich entlastet, und die Kinder können auf den anderen Schiffen neue Spielgefährten finden.

Obwohl auch echte »Landratten« per Kojencharter (s.d.) mitsegeln können, ist das Flottillensegeln sinnvoll unter anderem für Leute mit seglerischer Erfahrung mindestens im Binnenbereich. Deshalb wird der *Sportbootführerschein Binnen* häufig als Minimalanforderung für das Chartern einer Flottillenyacht vorausgesetzt. Die teilnehmenden Crews chartern ihre »eigene« Yacht bareboat (s.d.), segeln aber nie wirklich allein, weil der Flottillenchef und sein Team als Ansprechpartner immer mit Rat und jeder erdenklichen Hilfe zur Verfügung stehen. Das bringt Sicherheit und Spaß in der Gruppe.

**Törnverlauf**

- Die Flottille fährt nach einem Basisfahrplan, der aber nicht unbedingt eingehalten werden muss. Normalerweise werden kurze Distanzen in geschützten Revieren gesegelt, sodass das Segeln stressfrei bleibt und der Tageszielhafen oder die Ankerbucht spätestens nachmittags erreicht werden kann. Beim morgendlichen »Briefing« erhalten alle »Flottillenskipper« die notwendigen Informationen für den Tag vom Flottillenkapitän: Er erklärt anhand der Seekarte den Weg und die Ansteuerung des nächsten Hafens, weist auf Untiefen oder sonstige mögliche Gefahren hin, gibt Hinweise auf schöne Ankerbuchten und Sehenswürdigkeiten und bespricht den Wetterbericht. Danach kann abgelegt werden.
- Veranstalterabhängig wird in der Gruppe gesegelt oder den einzelnen Crews selbst überlassen, ob sie lieber auf eigenem Kurs den nächsten gemeinsamen Treffpunkt anlaufen möchten – zweifellos auch eine Frage der Seetüchtigkeit des Einzelnen, von der sich der Kapitän in den ersten Tagen überzeugen muss.
- Unterwegs stehen alle Yachten über Funk in ständigem Kontakt zur Führungsyacht und untereinander. Verkehrssprache ist wegen der internationalen Besetzung in der Flottille meist Englisch, manchmal gibt es aber auch mehrsprachige Service-Teams und speziell für deutsche Charterkunden auch Angebote mit Leitung in deutscher Sprache.
- Die Liegeplätze sind bereits reserviert, und der Kapitän hilft sogar noch beim Anlegen. Danach können die Crews unbeschwert den Rest des Tages nach eigenem Geschmack gestalten, während sich die Hostess um Wäsche, Reservierungen in Restaurants, Versorgungsfragen und dergleichen kümmert und der Kapitän etwa anfallende Formalitäten erledigt.
- Es bleibt genügend Zeit zum Baden und Schnorcheln, Sonnen und Faulenzen oder für Erkundungs- und Besichtigungsausflüge an Land. Wenn geankert wird, übernimmt das Service-Team die Ankerwache. Abends können sich die Crews zur geselligen Runde auf dem Mutterschiff einfinden oder am meis-

tens angebotenen Rahmenprogramm, wie Barbecue, Strandparty, Live-Musik und Spielangebote für Groß und Klein, teilnehmen.

- Ein Flottillentörn dauert durchschnittlich sieben bis 14 Tage und wird in einer Variante für erfahrene Segler mit sehr viel mehr Gestaltungsspielraum im seglerischen Bereich angeboten: mehr freies Segeln, Treffpunkte nur alle zwei bis drei Tage.

## Fun-Regatta

Die sich in den letzten Jahren immer größerer Beliebtheit erfreuende Fun-Regatta ist eine Kombination aus mehr oder weniger sportlicher Segelwettfahrt und abendlichem Party- und Veranstaltungsprogramm mit unterschiedlicher Gewichtung im einen oder anderen Bereich.

- Für einige Fun-Regatten wird daher Regatta-Erfahrung als Voraussetzung zur Teilnahme empfohlen, während andere von der Konzeption her genau auf Regatta-Anfänger zugeschnitten sind. Segelerfahrung sollte der Teilnehmer entsprechend dem sportlichen Anspruch der Veranstaltung mitbringen, allerdings ist das, sofern Mitseglerschiffe teilnehmen, auch nicht zwingend erforderlich.
  Aus Sicherheitsgründen wird häufig nach entschärften Regatta-Regeln gesegelt, und für den Fall einer Havarie oder sonstiger Probleme ein Schiff für technischen Service und medizinische Notfallversorgung zur Begleitung des Feldes mitgeschickt.
- Die Dauer einer Fun-Regatta reicht vom Wochenendtörn bis zu 14 Tagen, und manchmal geht die Charter über die Regatta-Dauer hinaus. In solchen Fällen oder auch nach den besonders kurzen Wochenendveranstaltungen lässt sich sehr schön ein Fahrtentörn anhängen.
- Die Begrenzung der Höchstzahl teilnehmender Schiffe variiert von 10 bis 250. Veranstalterabhängig wird entweder bareboat (s. d.) gechartert oder eine Koje auf einem Schiff mit Skipper, oftmals geht auch beides. Das heißt, teilnehmen können sowohl bestehende Crews als auch Einzelbucher. Die Teilnehmer müssen sich um Liegeplätze oder dergleichen nicht kümmern, weil die in den Zielhäfen für sie reserviert werden.

- Das Rahmenprogramm reicht vom gelegentlichen abendlichen Partyfeiern oder einem Restaurantbesuch bis zum umfangreichen Kulturangebot mit Besichtigungstouren an Land. Die Teilnahme daran ist selbstverständlich freiwillig. Bei einigen Events wird allerdings die Wertung des abendlichen Spielprogramms in die Gesamtwertung miteinbezogen, da heißt es aufgepasst!
- Je nach Anbieter ist die Chartergebühr einschließlich Flug und Programm oder auch nicht, manchmal kommen noch doppelte Kaution, Start- und Vermessungsgebühren und Gewässer-Permit hinzu. Vergleichen lohnt sich hier.
- *Wichtig:* Wer als Skipper einer Yacht an einer Fun-Regatta teilnehmen möchte, sollte sich unbedingt vergewissern, dass eine vertraglich festgehaltene Genehmigung des Vercharterers für solche Zwecke vorliegt.

# 2. »Jan und Hein und Claas und Pitt ...« und wer kommt sonst noch mit?

## Die Zusammenstellung der Crew

Wenn man einige Törns mitgesegelt ist und dabei entsprechende Erfahrungen gesammelt hat, kann eines Tages der Wunsch aufkommen, selbst einmal ein Boot zu chartern und mit Freunden oder Familie einen Törn zu machen.

Bevor man womöglich schon einen bestimmten Bootstyp ins Auge fasst, muss man sich darüber klar werden, in welchem Rahmen der Törn verlaufen soll, das heißt, wer mitkommen soll. Es gibt im Wesentlichen vier Möglichkeiten, eine Crew zusammenzustellen:

- Frau und Kinder und/oder Verwandte
- Bekannte und Freunde
- »Männertörn« auf sportlicher Ebene
- Unbekannte

Erst die Festlegung auf eine dieser Möglichkeiten erlaubt die weitere Planung; denn die Art der Crew ist entscheidend für die Wahl des Bootes (Typ und Größe), des Reviers, der Route, für die maximale Tagesdistanz etc.

Der Versuch, alle Interessen zu vereinen, ist oft zum Scheitern verurteilt. Wer sich monatelang auf seinen Urlaub freut, in dem er sich endlich mal entspannen und ausruhen kann, hat bestimmt keinen Spaß an ständigen Segelmanövern oder durchsegelten Nächten. Dagegen empfindet ein echter Sportsegler jede ruhige Stunde in einer sonnigen Badebucht als vergeudete Zeit, wenn gleichzeitig draußen ein guter Segelwind weht. Beides lässt sich aber nur schlecht unter einen Hut bringen. Zu bedenken ist auch, dass jeder für das Geld, das er für einen Segeltörn bezahlt, auch das erleben will, was er sich davon versprochen hat. Deshalb ist eine sorgfältige Törnplanung eine wichtige Voraussetzung für einen gelungenen Urlaub.

## *Familientörn*

Im Allgemeinen ist hier der Vater und Skipper derjenige, der den Spaß am Segeln bereits hat und seiner Familie denselben erst noch zu vermitteln sucht. Wenn die Familie bisher noch keine Beziehung zum Segeln oder wenig Erfahrung hat, sollte sie behutsam herangeführt werden, damit nicht unangenehme Zwischenfälle Aversionen gegen das Segeln hervorrufen. Beim Törn mit der Familie kommt es auf gute Seemannschaft ganz besonders an. Gefährliche Situationen müssen unbedingt vermieden werden. Schließlich ist ja meist nur ein kompetenter Segler, nämlich der Familienvater, an Bord.

### Stabiles Boot mit starkem Motor

Es empfiehlt sich daher, ein stabiles Boot mit starkem Motor oder einen Motorsegler zu chartern. Das bietet folgende Vorteile:

- Sie können relativ schnell ausweichen, wenn sich ein Sturm ankündigt. Damit ersparen Sie Ihrer Familie eine Erfahrung, die sie nicht reicher macht, sondern eine Abneigung aufbaut, die oft im Unterbewusstsein lange bestehen bleibt. Dazu kommt, dass Sie derjenige sind, in den Ihre Mitsegler bisher grenzenloses Vertrauen gesetzt hatten, das Sie im eigenen Interesse auf keinen Fall enttäuschen sollten.
- Wer noch kein begeisterter Segler ist, muss erst lernen, sich auf die Raumverhältnisse an Bord einzustellen. Wann immer sich die Gelegenheit bietet, wird er sicher gerne das Boot verlassen, sei es, um zu baden oder um an Land zu gehen. Gerade bei Flaute und vor allem mit Kindern an Bord kann nach einigen Stunden große Langeweile eintreten. Sie selbst mögen zwar die Ruhe genießen, wenn aber die Kinder anfangen zu nörgeln, werden auch Sie froh sein, wenn mit Hilfe eines starken Motors relativ schnell eine schöne Ankerbucht zum Baden oder ein netter Hafen zum Eisessen angelaufen werden kann.

### Statt Segelurlaub: Urlaub auf dem Boot

- Überhaupt gilt für den Skipper eines Familientörns, dass er flexibel sein muss, da es mit Sicherheit oft chaotisch zugehen wird. Im Unterschied zu anderen Törns ordnet die Crew sich nicht ihm unter, sondern er wird sich ihr völlig unterordnen müssen, wenn der Törn nicht zu einem Horrortrip für die Familie werden soll. Der Familienvater wird den Törn nicht genießen können, wenn die Familienmitglieder nur murrend den Anweisungen nachkommen.

- Es hat auch keinen Zweck, eine umfangreiche Törnplanung hinsichtlich Route und Zeit zu betreiben und unbedingt einhalten zu wollen, da man vorher nie weiß, wie viele Stunden und Tage im Hafen oder in Buchten verbracht werden. Der Skipper muss von vornherein weniger mit einem Segelurlaub, mehr mit einem Urlaub auf dem Boot rechnen und sich darauf einstellen. Dann wird auch er auf seine Kosten kommen. Eine echte Alternative zum Segeln mit der Familie stellt daher eine Flussfahrt im Hausboot dar: Die Uferlandschaft ist für die Kinder viel interessanter als eine entfernt liegende Küste, das Hausboot bietet erheblich mehr Sicherheit und Platz, und es gibt viele Anlegemöglichkeiten.

### Die Autoritätsfrage

Wird ein Familientörn mit älteren Kindern, die schon Segelerfahrung besitzen, unternommen, so lässt sich seglerisch sicher mehr auf die Beine stellen. Hier wiederum kann die Autoritätsfrage ein Problem sein. Von grenzenlosem Vertrauen in den Skipper ist oft keine Rede. Rechthaberische Streitigkeiten zwischen Vater und halbwüchsigem Sohn können an der Tagesordnung sein und allen den Urlaub verderben, wenn nicht vorher festgelegt wird, wer Skipper ist und wessen Anordnungen Folge zu leisten ist. Wer sich schon vor dem Törn nicht einig ist, wird es während des Törns erst recht nicht sein.

## *Törn mit Bekannten oder Freunden*

Hierbei handelt es sich wohl um die heikelste Crewauswahl überhaupt. Während der Familientörn hinsichtlich der Mitsegler fast keine Wahl lässt, ist dies beim Törn mit Bekannten der springende Punkt, mit dem ein Urlaubstörn steht und fällt. Oft wird spontan beschlossen (vielleicht noch in »Bierlaune«), diesen oder jenen zum nächsten Törn mitzunehmen. Noch bevor er auf seine Eignung hin abgecheckt wurde, ist die Sache bereits abgemacht.

Hierin liegt einer der größten Fehler beim Planen eines Törns überhaupt. Freunde und Bekannte, mit denen man zu Hause gut auskommt, können an Bord eine zwischenmenschliche Katastrophe auslösen.

Man darf nie vergessen, dass die Umstände beim Segeln mit denen bei anderen gemeinsamen Urlauben nicht zu vergleichen sind. Auf einem Boot muss man auf engstem Raum miteinander auskommen, ohne sich aus dem Weg gehen zu können. Zwangsläufig überschneiden sich die Intimbereiche, was zu Spannungen führen kann. Aufgestauter Ärger kommt irgendwann zum Ausbruch und führt zu Auseinandersetzungen und Missstimmungen, erst recht, wenn Erschöpfung, Seekrankheit und auch Angst die Toleranzgrenze des Einzelnen deutlich herabgesetzt haben.

**Crew sorgfältig auswählen**

Daher sollte es oberstes Gebot sein, seine Crew sorgfältig auszuwählen. Dabei sind einige Gesichtspunkte maßgebend:

- Segeln Sie nur mit Menschen, die Sie gut kennen.
- Nörgler oder Besserwisser sind ungeeignet. Während der Letztere versuchen wird, mitzukommandieren und Ihre Entscheidungen zu kritisieren, kann der Nörgler bewirken, dass die Stimmung trotz schönen Wetters auf den Nullpunkt sinkt.
- Entscheidend sind nicht Alter oder Beruf, sondern gutes Einschätzungsvermögen, Verantwortungsbewusstsein, Zuverlässigkeit, Umsicht und eine eher optimistische Grundhaltung. Das erleichtert das Zusammenleben an Bord.
- Überreden Sie niemanden mitzukommen, der nicht von sich aus mitfahren möchte. Er wird sich seine Unlust immer anmerken lassen.
- Die Crew sollte möglichst so zusammengestellt werden, dass eine »Lagerbildung« von vornherein vermieden wird.
- Prüfen Sie, ob die Crewmitglieder zusammenpassen. Ältere Leute könnten Schwierigkeiten haben, sich auf Jüngere einzustellen und umgekehrt. Ebenso fällt es überzeugten Kinderlosen oft schwer, mit Kindern zurechtzukommen.
- Eine schlecht gewählte Crew kann dazu führen, dass ein an sich schöner Törn in schlechter Erinnerung bleibt. Umgekehrt können mit einer harmonischen und segelerfahrenen Crew schlechtes Wetter, ein reparaturbedürftiges Boot und andere Widrigkeiten so gut bewältigt werden, dass jeder schließlich doch seinen Spaß an dem Törn hatte.

Wenn Ihre Wahl getroffen ist, sollte die weitere Planung gemeinsam erfolgen. Das hat den Vorteil, dass jeder seine Vorstellungen mit einbringen kann. Es ist erstaunlich, wie verschieden die Erwartungen des Einzelnen sein können und wie weit sie oft von der Realität abweichen. Dann muss geklärt werden, ob überhaupt und, wenn, wie alles miteinander vereinbart werden kann. Das erspart böse Überraschungen später an Bord.

### Ambitionen müssen übereinstimmen

Als Skipper müssen Sie grob das Durchstehvermögen und die Belastbarkeit der Crew einschätzen können. Es muss geklärt werden, wie weit gesegelt werden kann und ob auch nachts gesegelt werden soll. Wollen wir nachts im Hafen liegen, oder kann es auch einmal eine Ankerbucht sein? Wollen die einen nur sonnenbaden und die anderen, wann immer es geht, segeln, segeln und nochmals segeln, oder sollen auch Hafentage mit ausgedehnten Landgängen etc. eingelegt werden?

Sie müssen Ihre Mitsegler ausdrücklich darüber aufklären, was sie erwartet: 24 Stunden am Tag miteinander auf engem Raum, nur eine bescheidene Toilette, einfache Schlafgelegenheiten und meist keine Dusche. Oft stellt sich hierbei heraus, dass nicht nur die Vorstellungen der Crewmitglieder untereinander, sondern auch die Ambitionen des Skippers mit denen seiner Crew in keiner Weise übereinstimmen.

Jeder, auch der Skipper, muss prüfen, inwieweit er bereit ist, von seinen Vorstellungen abzuweichen. Kommt es schon bei der Vorbesprechung zu keiner Kompromissfindung oder Einigung, sollte der Törn gar nicht erst gemeinsam angetreten werden.

Abschließend noch eines: Es wäre ein Fehler, eine *Mitseglervereinbarung* (s. Kap. 6, »Mitseglervereinbarung«) unter Freunden für überflüssig zu halten. Bei finanziellen Forderungen nach einem Schadensfall hat schon mancher Skipper feststellen müssen, dass seine guten Freunde plötzlich verschwunden waren.

## »Männertörn« auf sportlicher Ebene

Das ist keineswegs ein Törn nur unter Männern. Vielmehr steht bei dieser Art des Törns im Vordergrund, dass meist auch bei rauem und hartem Wetter gesegelt wird.

Die Problematik der Crew-Zusammenstellung ist hier eine andere als beim Törn mit Bekannten und Freunden. Durch das gemeinsame Ziel, möglichst weit und viel zu segeln, ist von vornherein eine gewisse Einigkeit gegeben. Seltener kommt es vor, dass völlig verschiedene Erwartungen aufeinander prallen.

### Grundsätze, die zu beachten sind

- Ein Männertörn setzt voraus, dass möglichst alle Mitsegler genügend See-Erfahrung haben. Nur dann können neben den Anforderungen des Tag- und Nachtsegelns auch kritische Situationen gemeistert werden.
- Viele kräftige Hände zum Zupacken nützen dem Skipper mehr als Theoretiker.
- Ansonsten gelten im Prinzip die im Abschnitt »Törn mit Bekannten oder Freunden« genannten Grundsätze bezüglich der Crew-Auswahl.

Bei diesem Törn gibt es im Allgemeinen weniger Differenzen hinsichtlich der Gestaltung, da in der Regel ein fester Plan existiert. Entweder wird Tag und Nacht mit fester Wacheinteilung durchgesegelt oder gleich frühmorgens wieder ausgelaufen. Darüber wissen alle Bescheid und können sich darauf einstellen. Der Skipper duldet meist keine Diskussionen.

## Törn mit mehreren Unbekannten

Nicht jeder Skipper hat das Glück, im engsten Freundes- und Bekanntenkreis eine ausreichende Anzahl begeisterter Segler für einen geplanten Törn zu finden. Er muss also seine Crew anders zusammenstellen. Wie kommt er nun zur richtigen Mannschaft? Er hat die Möglichkeit, Anzeigen in Segelzeitschriften zu schalten und in entsprechende Internet-Foren (Mitsegler) zu stellen, Aushänge am schwarzen Brett von Segelschulen oder -vereinen zu machen oder auf Mitsegelnachfragen, die er dort vorfindet, zu reagieren.

**Der Skipper als Veranstalter**

Wenn er ein bestimmtes Schiff gechartert und eine genaue Vorstellung vom Gebiet und Verlauf des Törns hat, kann er ein klares Angebot inklusive der Kosten machen, sei es für einen Segel-Badetörn oder einen sportlichen Törn. Mitsegler, die sich bei ihm melden, vereint von Anfang an die gemeinsame Interessenlage, was eine sehr gute Voraussetzung für einen erfolgreichen Törn bildet. Bei großer Nachfrage kann der Skipper eine gezielte Auswahl nach Spezialisierung, Alter, Geschlecht usw. treffen. Die solchermaßen gefundenen Crewmitglieder zahlen den geforderten Preis mit der Erwartung, dass der Törn in einer dem Angebot entsprechenden Weise durchgeführt wird. Folglich muss der Skipper dieser Crew das Versprochene bieten können, sofern nicht »höhere Gewalt« (z. B. Wetter) die Umsetzung der Planung verhindert.

In der Regel wird der Skipper sich für seinen Arbeitsaufwand von der Crew entschädigen lassen, indem er seine eigenen Kosten auf alle Teilnehmer umlegt. Dafür trägt er aber auch das unternehmerische Risiko: Bei mangelnder Nachfrage bleibt er mit weit höheren als den geplanten Kosten sitzen.

**Der Skipper als Initiator**

Der sicherere Weg ist daher, zunächst eine Crew zu suchen und erst mit verbindlicher Zusage und Anzahlung seitens der Mitsegler ein Schiff zu chartern. Das setzt eine sehr frühzeitige Planung voraus, denn sonst ist möglicherweise das Traumrevier schon ausgebucht und kein Schiff mehr zu bekommen.

Besser ist es auch, sich frühzeitig gegenseitig kennen zu lernen. Sowohl was die seglerischen als auch was die persönlichen Qualifikationen anbelangt, sollten Vertrauen und Sicherheit im Verhältnis zwischen dem Skipper und seinen Mitseglern vor Törnbeginn hergestellt werden. Der Skipper muss z. B. sicher sein können, dass niemand heimlich illegale Drogen mit an Bord bringt, denn bei Entdeckung durch die Behörden müsste er die Verantwortung tragen und das Schiff würde an die Kette gelegt.

Wichtig: Mitseglervereinbarung abschließen (s. Kap. 6, »Mitseglervereinbarung«)! Eine per Anzeige zusammengestellte Crew ist für manche Überraschung gut: Zusammenarbeit und -leben an Bord klappen vieleicht besser als mit einer aus Freunden bestehenden Mannschaft, und im nächsten Jahr wird daraus ein Törn mit mehreren Bekannten.

# 3. »Im Prospekt sind alle Wellen blau ...«

## Die Wahl des Reviers und der Route

Wenn Sie sich entschlossen haben, ein Boot zu chartern, um selbstständig einen Törn zu machen, stellt sich die Frage nach dem Revier ziemlich zeitgleich mit der Frage nach der Zusammensetzung der Crew. Wenn die Crewliste bereits feststeht, muss das Revier zum Skipper und zur Crew passen. Wenn der Skipper sich für ein Gebiet entschieden hat, kann er auch gezielt eine dazu passende Crew zusammenstellen. Wie findet er nun *sein* Revier?
Bei hunderten von Charterbasen rund um die Welt fällt die Wahl nicht mehr so leicht: Karibik, Mittelmeer oder doch lieber was im Pazifik? Und die Ostsee hat auch so viel zu bieten! Also Augen zu und blind getippt? Bloß das nicht! Hier ein paar Kriterien, die Sie vor der Entscheidung für ein Revier berücksichtigen sollten.

### *Allgemeine Kriterien der Revierwahl*

*Fähigkeiten des Skippers, Fähigkeiten der Crew*
Ein Skipper, der erst wenige Törns gefahren ist oder gar seinen allerersten Törn plant, sollte eines der so genannten »leichten« Reviere wählen, d. h. ein Revier mit möglichst konstant leichtem Wind und schönem Wetter mit guter Sicht, ohne bzw. mit zu vernachlässigender Tide, leicht zu navigieren: gut betonnt / befeuert, und – oft unterschätzt und ziemlich unfallträchtig – ein Revier, wo er so anlegen kann, wie er es gelernt hat. Hilfreich kann es sein, dieses Gebiet von einem früheren Törn als Crewmitglied schon zu kennen.
Nun wird aber niemand eine Garantie dafür abgeben können, dass nicht ausgerechnet während seines Urlaubs ein Unwetter in diesem »leichten« Gebiet niedergeht, und deswegen braucht er mindestens einen erfahrenen Segler in seiner Crew, der ihn in schwierigen Situationen unterstützen kann. Sofern nicht noch weitere Mitglieder der Crew erfahrene Segler sind, ist ein Revier mit grö-

ßerer Hafendichte zu bevorzugen, denn sonst wird der Urlaub durch Nachtfahrten und Enge an Bord schnell zur Strapaze.
Wer beabsichtigt, als Skipper auf Zeit mit einem Charterschein zu fahren, und
keinerlei Vorerfahrung in der Schiffsführung besitzt, sollte sich ebenfalls informieren und beraten lassen, welches der in Frage kommenden Reviere besonders leicht ist. Im Binnenrevierbereich heißt das: möglichst keine Schleusen,
wenig Schiffsverkehr, wenig Strömung, möglichst keine ausgedehnten Wasserflächen, schönes Wetter: wenig Wind, wenig Nebel, wenig Regen; viele Anlegestellen, viele Servicestationen (Diesel / Wasser) und gute Versorgungsmöglichkeiten entlang der Strecke.

*Wünsche der Mannschaft*
Sie können vom reinen Meilensegeln über das gemütliche Segeln mit Pausen
zum Baden, Schnorcheln, Angeln, Kulturstätten- und Städtebesuchen bis hin
zum Nur-Erholen und Ausspannen reichen. Eine Kompromisslösung schränkt
die Auswahl des Reviers automatisch ein.

*Jahreszeit*
Die meisten Reviere sind Ostern, Pfingsten, in den Sommerferien und in Wochen mit Feiertagen stark frequentiert, sodass ein Liegeplatz nicht immer
garantiert ist. Außerdem herrschen zu den verschiedenen Jahreszeiten unter-
schiedliche Wind- und Wetterverhältnisse, über die man sich sehr genau informieren muss.

*Entfernung des Reviers vom Heimatort*
Weit entfernt liegende Reviere haben den Nachteil, dass sie mit einer teuren beziehungsweise zeitraubenden Anreise verbunden sind. Chartert man beispielsweise in der Karibik, wird die Urlaubskasse durch die Flugkosten zusätzlich
belastet. Wer auf einer Insel chartert und mit dem Auto anreist, muss mitunter
mit hohen Fährkosten rechnen. Es macht sich daher bemerkbar, ob man etwa
auf dem italienischen Festland in Livorno oder in Bastia auf der Insel Korsika ein
Boot mietet.

*Sprache*
Im Ausland findet die Verständigung im Yacht- und Hafenbereich meistens auf
Englisch statt. Wer keine Fremdsprachen beherrscht und sein Schulenglisch

weitgehend vergessen hat, kann erhebliche Schwierigkeiten haben, selbst die einfachsten Dinge geregelt zu bekommen. Wenn auch innerhalb der Crew keine Fremdsprachenkenntnisse vorhanden sind, wäre für die Revierwahl zu prüfen, wo man nur mit Deutsch durchkommt.

*Kosten*

Die vielen zur Auswahl stehenden Reviere unterscheiden sich deutlich im Preis-Leistungs-Niveau. Wer aus Prestigegründen einen Hauch von Luxus um sich verbreiten möchte, wird in ein bekanntermaßen teureres Revier gehen. Für alle anderen gilt, dass sich Preisvergleiche bei den Kosten und Nebenkosten (z. B. Liege- und Hafengebühren, Verpflegung, Landgänge) auszahlen.

Im Folgenden werden gängige Charterreviere in der Reihenfolge ihrer Bedeutung für deutsche Chartersegler kurz vorgestellt, um eine Orientierungshilfe bei der Revierwahl zu bieten. Auf Angaben und Daten, die eine regelmäßige Aktualisierung erfordern, wurde weitestgehend verzichtet, weil das im Rahmen des Mediums Buch nicht leistbar ist.

Wer eine Entscheidung für ein bestimmtes Revier getroffen hat, benötigt für seine Törnplanung weitere Informationen (s. Kap. 11), z. B. aus Revier- und Törnführern, dem *Jachtfunkdienst*, aus dem Internet, dem *Gezeitenkalender*, aus Segelzeitschriften, vom ADAC oder auch von der für ausgezeichnete Revier-Informationsbroschüren bekannten Kreuzer-Abteilung des Deutschen Segler-Verbandes (DSV).

## Binnenreviere

### Allgemeines

Flüsse, Kanäle und Seen – jeder hat in der Nähe seines Wohnortes ein Binnengewässer und weiß aus eigener Anschauung, dass die wassersportliche Nutzung recht unterschiedlich ist. Klar: ein Kanal eignet sich nicht zum Segeln und ein Hausbootfahrer hätte wenig Vergnügen daran, eine Woche lang auf einem bayerischen Gebirgssee im Kreis zu fahren.

Nun können weiterhin innerhalb der Kategorien deutliche Unterschiede festgestellt werden: Fluss ist nicht gleich Fluss (Amazonas und Rhein haben nicht sehr viel mehr gemeinsam als die Bezeichnung), und jeder Kanal oder See hat eine eigene Geschichte und einen eigenen Charakter, insbesondere auch hinsichtlich der Anforderungen, die das Befahren des Gewässers an den Skipper stellt. Die Gleichung Binnengewässer = geschützt = einfache Bedingungen geht nicht immer auf.

Zwar wird der Flussfahrer nie in die Gefahr geraten, wie in einer Filmszene mit seinem Schiff auf einem reißenden Strom in Richtung Wasserfall zu rasen, weil unter solchen Bedingungen kein Bootsverleih stattfindet. Aber selbst ein so genanntes »einfaches« Revier kann durch saisonal erhöhtes Sportbootaufkommen einen Anfänger in Panik versetzen, und ein überraschend über einem Gebirgssee aufgezogenes Gewitter kann auch den erfahrenen Segler zum Kentern bringen.

Der Reiz des Befahrens von Binnengewässern liegt vor allem im Erleben der direkten Verbindung von Wassersport, Natur und Kultur. Bei einer solchen Reise durchs Land können Landschaften, Landeskultur und -geschichte sehr viel intensiver »erfahren« werden, als das bei der üblichen Fortbewegungsart im Auto der Fall ist.

Die bei den Deutschen beliebtesten Binnenreviere, d. h. auch Urlaubsreiseziele, liegen vor allem im europäischen Ausland: Frankreich, Holland, England, Schottland, Irland, Skandinavien und Nord-Italien. In jüngster Zeit haben jedoch durch den Ausbau des Angebots in den neuen Bundesländern (Mecklenburg-Vorpommern, Brandenburg) daneben auch einheimische Binnenreviere einen Stellenwert in der Gunst der Wasserurlauber errungen.

Wie eingangs bereits angedeutet, überschneiden sich Segel- und Hausbootreviere in der Regel nicht. Während der Segler weite Wasserflächen, wie z. B. den Bodensee, bevorzugt, ist der Hausbootfahrer am liebsten in Flussoberläufen oder historischen Kanälen unterwegs, die für die heutige Transportschifffahrt nicht mehr nutzbar sind, wie z. B. dem berühmten Canal du Midi in Südfrankreich. Als Einsteigerreviere für Hausbootfahrer gelten der Saone-Oberlauf in Frankreich, die Norfolk Broads und Midland Canals in England, Lough Erne in Irland und einige Reviere in Mecklenburg-Vorpommern und Brandenburg.

Nur wenige Gebiete sind für Segler und Hausbootfahrer gleichermaßen interessant: Eins der schönsten befindet sich in Mecklenburg-Vorpommern – Müritz und Mecklenburgische Seenplatte – und wird hier exemplarisch vorgestellt.

## Müritz

Die Müritz, das »Kleine Meer« Mecklenburgs, ist der zentrale und mit knapp
117 km² größte See der Mecklenburgischen Seenplatte, gewissermaßen das
Herz des »Landes der 1000 Seen«. Die maximale Tiefe beträgt 33 m (Binnen-
müritz), die durchschnittliche Wassertiefe liegt bei 6 m. In Nord-Süd-Richtung
hat sie eine Ausdehnung von 29 km, in Ost-West-Richtung von 13 km. Die
Mecklenburgische Seenplatte ist die größte zusammenhängende, weil durch
Flüsse und Kanäle verbundene und befahrbare Seenplatte Mitteleuropas. Dem
Wasserwanderer stehen an die 2500 km Wasserstraße zur Verfügung. Über die
Müritz-Elde-Wasserstraße kann er in nordwestlicher Richtung die Unterelbe erreichen, über den Störkanal gelangt er nach Schwerin. In südlicher Richtung
gibt es eine Verbindung über den Ellbogensee (Priepat) nach Berlin, von wo
über die mitteldeutschen Wasserstraßen der Rhein zu erreichen ist.

### Wind / Wetter / Klima

Die Müritz liegt in einer abgeschwächten Westwindzone und bereits im Einflussbereich des kontinentalen Klimas. Das heißt, die vorherrschende Windrichtung ist Nordwest bis Südwest, dabei – als Faustregel – immer ein Beaufort
schwächer als an der Ostsee, und reicht von der schwachen Brise bis zum Starkwind. Während des Sommers gibt es viele Sonnentage, mit Regen muss jedoch
auch gerechnet werden, Gewitter sind relativ selten. Ab 4 Bft sollte der See nur
noch mit Vorsicht befahren werden, da sich eine kurze steile, für den Segler sehr
unangenehme Welle aufbaut. Es gibt kein Sturmwarnsystem, daher ist das Abhören des Wetterberichts unerlässlich. Das Wasser kühlt im Herbst nur langsam
ab, sodass auch im Oktober noch unter angenehmen Verhältnissen gesegelt
werden kann.

### Navigation

Die Betonnung des Fahrwassers ist sehr gut. Untiefen in der Mitte der Müritz
und am Ostufer sind gekennzeichnet. An den Ufern kann das Wasser schnell
flach werden – Gewässerkarte unbedingt beachten! Das Ostufer gehört zum
Nationalpark und darf von Motorbooten nicht befahren werden. Anlegen am
Ufer zur Besichtigung des Nationalparks ist grundsätzlich für alle Schiffe ver-

boten. Wer von Waren am nördlichen Ufer aus die Oberseen bereisen möchte, muss vier Schleusen und Brücken passieren (Mastlegevorrichtung!), in südöstlicher Richtung über die Kleinseenplatte sind es Dutzende.

Häfen / Ankerplätze: Rund 3000 Liegeplätze in 12 modernen Häfen und Marinas sind rund um die Müritz entstanden. Angelegt wird seitlich am Steg oder zwischen Pfählen für die Achterleinen mit dem Bug zum Steg. Zusätzlich gibt es zahlreiche Ankerbuchten, Anlegestellen und Wasserwanderrastplätze.

**Versorgung und Ausrüstung**
Tank- und Reparaturmöglichkeiten gibt es in fast allen Sportboothäfen. Das Serviceangebot von Sanitär bis Müllentsorgung lässt nichts zu wünschen übrig. In den größeren Städten und Orten kann man sehr gut einkaufen.

**Land / Leute / Touristische Attraktionen**
Müritz und Mecklenburgische Seenplatte sind ein Traumrevier für Naturliebhaber. Im Nationalpark und in den angrenzenden Gebieten leben unzählige bedrohte Tier- und Pflanzenarten, die Gegend insgesamt ist eher dünn besiedelt, und es gibt keinerlei Industrie in der Nähe. Die Luft- und Wasserqualität ist daher hervorragend, und in Strandbädern und Badestellen kann sorglos gebadet und getaucht werden. Wegen des Fischreichtums kommen auch Angler hier auf ihre Kosten.

Geschichts- und Kulturinteressierte können eine Vielzahl von Sehenswürdigkeiten wie Schlösser, Burgen, Kirchen und andere Kulturdenkmäler besichtigen. Die touristische Infrastruktur ist hervorragend entwickelt, Restaurants und Cafés in allen Orten.

**Einsteiger- und Familienrevier**
Das Gebiet insgesamt ist als Einsteiger- und Familienrevier geeignet, vor allem aber Streckenabschnitte ohne Schleusen. Trotz der rasanten Entwicklung ist es wegen seiner Größe nie überlaufen. Bestimmte Teilabschnitte dürfen von Hausbootfahrern mit dem *Charterschein* (s. Kap. 1, »Hausboot-Charter«) befahren werden.

**Zahlungsmittel / Kosten**

Das Kostenniveau ist eher niedrig.

**In diesen Revieren dürfen Hausbootfahrer mit dem Charterschein fahren:**

- Müritz-Elde-Wasserstraße von der Schleuse Dömitz (km 0,95) bis km 150 einschließlich Binnenmüritz bis zur Linie zwischen der grünen Tonne Eldenburg und der roten Tonne W7
- Stör-Wasserstraße von der Einmündung in die Müritz-Elde-Wasserstraße bis zur Einmündung in den Schweriner See (km 19,88)
- Müritz-Havel-Wasserstraße (einschließlich Kleine Müritz). Müritz bis Werft Rechlin und Rheinsberger Gewässer bis km 31,8
- Obere Havel-Wasserstraße von der Schleuse Zehdenick (km 15,9) bis zum Hafen Neustrelitz (km 94,4) einschließlich Templiner und Lychener Gewässer sowie Wentowsee
- Plauer See von Lenz bis Plau unter folgenden Bedingungen: Durchfahrt nur im betonnten Fahrwasser, Fahrverbot ab Windstärke 4, alle Personen müssen Schwimmwesten tragen. Vor Einfahrt in den Plauer See telefonische Abfrage der Befahrbarkeit (Wind / Wetter) beim Vercharterer. Telefonische Meldung beim Vercharterer nach Durchfahrt.
- Saar von km 89,6 bis zur deutsch-französischen Grenze

## Ostsee

Auf der Ostsee zu segeln, ist ganz einfach »naheliegend«. Neben der bequemen Anfahrt im eigenen Pkw, die zur Nordsee genauso möglich wäre, bietet die Ostsee dem Charterer mit seiner knapp bemessenen Zeit einige weitere Vorzüge. Obwohl Nebenmeer der Nordsee, sind die Gezeiteneinflüsse nur durch genaue Wasserstandsmessungen feststellbar und für den Segler nicht interessant – er segelt wie auf einem Binnenmeer nach eigenem Zeitfahrplan. Zusätzlich haben die Segler in den nördlichen Breiten – bedingt durch den Stand der Erde zur Sonne – im Sommer mehr vom Tag: Selbst nach langen Schlägen kann im Hellen angelegt oder geankert werden. Hinzu kommt die seglerische und landschaftliche Vielfalt der Ostsee, die jedem – ob Anfänger, ob Familie, ob erfahrenem Segler – die unterschiedlichsten Törnmöglichkeiten eröffnet.

Die Ostsee ist das mit Abstand beliebteste Revier der deutschen Chartersegler: Fast ein Drittel aller Charterskipper entscheiden sich Jahr für Jahr, (wieder) hier zu segeln. Die bevorzugten Gebiete sind die Küsten Schleswig-Holsteins, Mecklenburg-Vorpommerns, Dänemarks und Südschwedens. Bei genauerer Betrachtung fällt jedoch auf, dass es vor allem die dänischen Gewässer sind, die eine fast magnetische Anziehungskraft ausüben: Selbst Skipper, die an der deutschen Ostseeküste chartern, nehmen häufig sofort Kurs auf Dänemark. Im Gegensatz dazu gelten Gebiete in Norwegen, Nordschweden, Polen, den baltischen Staaten, Russland oder Finnland bisher noch als »exotische« Ziele. Mit der EU-Osterweiterung wird sich zwar absehbar die Gewichtung etwas verschieben, doch werden hier nach aktuellem Stand (2003) die oben genannten Gebiete im Mittelpunkt stehen.

### Wind / Wetter / Klima

Belte, Sund und westliche Ostsee liegen in der Westwindzone im Einflussbereich des maritimen Klimas, d.h. es dominieren Winde aus westlichen Richtungen, von Südwest bis Nordwest mit einer durchschnittlichen Stärke von 3 bis 5 Bft. Nicht selten baut sich jedoch über Skandinavien im Sommer ein stabiles Hochdruckgebiet auf, und dann weht der Wind aus südöstlicher bis nordöstlicher Richtung zwischen 3 und 6 Bft auf dem freien Wasser. Grundsätzlich gilt, dass die in Nord-Süd-Richtung liegenden Belte und der Sund geringere Windstärken verzeichnen (50% schwacher Wind von 1 bis 3 Bft im Jahresdurchschnitt) als die westliche Ostsee in ihrer West-Ost-Ausrichtung.

Die Windverhältnisse in den einzelnen Küstenabschnitten und Häfen können außerdem erheblich von denen auf dem freien Wasser abweichen, wobei u.a. Land-Seewind-Zirkulation und Kap- und Düseneffekte eine bedeutende Rolle spielen. Mit Stürmen muss während der Segelsaison nicht gerechnet werden, Starkwind kann aber vorkommen.

Für Segler entscheidend: Sie finden in der Regel ideale Windbedingungen vor – je nach Wetterlage und Windrichtung sollten sie aber in der Törnplanung flexibel bleiben und immer auch an den Rückweg denken.

Was für den Wind gilt, betrifft auch die Welle: Im Bereich von Belten und Sund liegt die durchschnittliche Wellenhöhe um 20 cm niedriger als in der westlichen Ostsee und weist damit die geringsten Wellenhöhen im gesamten Ostseebereich auf, in den Sommermonaten durchschnittlich etwa einen halben Meter.

An der deutschen Ostseeküste und in der westlichen Ostsee erreicht die Stromstärke bei dem vorherrschenden, weniger starken Wind maximal 0,5 kn. Abhängig von Windrichtung und –stärke muss in Belten und Sund jedoch mit einem Strom von durchschnittlich 1 kn in unterschiedlichen Richtungen gerechnet werden. Insbesondere in schmalen Durchfahrten zwischen Inseln ist aber von höheren Strömungsstärken auszugehen, unter extremen Bedingungen wie anhaltenden Starkwind- oder Sturmverhältnissen teilweise von 4 bis 5 kn. Über die regionalen Strömungsbesonderheiten, die in den törnrelevanten Buchten, Meerengen und Inselgebieten vorzufinden sind, sollte der Segler sich unbedingt vor Fahrtantritt informieren (Törnführer, Seehandbuch).

Durch länger anhaltenden Starkwind kann es auch zu erheblichen Wasserstandsschwankungen kommen, die z. B. Hafeneinfahrten unpassierbar machen. Wer im Frühjahr oder Herbst segelt, kann sich daher nicht immer auf die Tiefenangaben der Seekarte verlassen.

Insgesamt ist das Ostseewetter unbeständig – Sonne, Wolken, Regen, im Sommer auch Gewitter. Beim Packen des Seesacks empfiehlt es sich daher, sich nicht auf die durchschnittlichen Luft- und Wassertemperaturen von 19 oder 17 °C zu verlassen, sondern vom Fleece bis zum Badezeug für alles ausgerüstet zu sein.

## Navigation

Die Betonnung und Befeuerung ist ausgezeichnet, Untiefen sind in der Regel markiert. Wer aber abseits der Fahrwasser in kleinen Nebenbuchten z. B. einen Ankerplatz sucht, kann nicht immer davon ausgehen, dass jeder Stein oder jedes Flach durch eine Tonne angezeigt wird, und tut gut daran, Ausschau zu halten und die Tiefenanzeige zu beachten. In einigen Gebieten – z. B. Boddengewässer und dänische Inselwelt – wird es außerhalb der Fahrwasser sofort sehr flach, so dass »schnippeln« nicht zu empfehlen und das Verlassen des Fahrwassers nur kleinen Booten mit geringem Tiefgang vorbehalten ist.

Das Beherrschen der terrestrischen Navigation, d. h. Fahrt nach Kompass und Sicht, ist ausreichend, weil fast überall Landsicht besteht. Ein Segler, der in den schwedischen Schärengärten segelt, sollte sogar sehr gut in dieser Disziplin sein, denn aufgrund der Enge der Schärenfahrwasser kann hier das GPS nur zur Standortbestimmung eingesetzt werden.

Der exakte Kurs muss terrestrisch bestimmt werden: Dabei ist größte Konzentration und ständiges Mitkoppeln und Abhaken auf der Karte gefragt, weil man sich sonst leicht verirren kann. Nicht umsonst gilt die Lupe als wichtigstes Interpretationsmittel der schwedischen Seekarten!

Im schwedischen Küstenbereich und im Seegebiet um Bornholm treten zum Teil starke magnetische Störungen auf – hierzu gibt die Seekarte Auskunft.

Sowohl in deutschen als auch in dänischen und schwedischen Hoheitsgewässern befinden sich militärische Sperr- und Schießgebiete mit eigenen Befahrensregeln. Dazu kommen Fischerei-, Natur- und Landschaftsschutzgebiete mit teilweiser oder ganzjähriger Sperrung. Informationen hierüber sind der Karte, Törnführern und den *Nachrichten* für Seefahrer (NfS) oder *Bekanntmachungen für Seefahrer* (BfS) zu entnehmen, die in den Häfen auch ausgehängt sind.

Überall in Buchten und Küstengebieten muss Ausschau nach Reusen und Stellnetzen gehalten werden; sie sind zwar mit Fähnchen gekennzeichnet oder zwischen Stangen aufgehängt, bei etwas Welle aber nicht unbedingt sehr gut zu sehen. Das Ankern in der Nähe dieser Fischfanggeräte ist verboten.

Bestimmte Fahrwasser, wie z. B. der Fehmarnbelt, die Kieler Förde (Ein-, Ausfahrt Nord-Ostsee-Kanal), der Große und Kleine Belt oder auch die Einfahrten zu großen Häfen, werden stark von der Berufsschifffahrt genutzt und sind in Teilabschnitten als *Verkehrstrennungsgebiete* ausgewiesen. Segler sollten hier sehr vorsichtig sein und den Verkehr genauestens beobachten, insbesondere auch beim Durchsegeln der Belt-Brücken (Kleiner Belt, Großer Belt). Gerade im Sommer ist außerdem der rege Fährverkehr (Achtung: Schnellfähren!) zwischen Inseln und Küsten zu beachten.

### Häfen / Ankerplätze

Ein dichtes Netz von Sportboothäfen, Marinas, Stadt- und Fischereihäfen bietet dem Segler in Schleswig-Holstein und Dänemark eine Vielzahl von Alternativen bei der Liegeplatzwahl und somit auch die Grundlage für eine flexible Törnplanung. In Schweden und Mecklenburg-Vorpommern ist das Netz nicht ganz so dicht, aber jedes Jahr werden Lücken geschlossen, und mittlerweile hat es auch im neuen Bundesland kein Küstensegler mehr weiter als 30 sm bis zum nächsten Hafen. Trotz des großen Angebots sind in den Sommermonaten Juli und August vor allem die dänischen und schwedischen Häfen überfüllt, und nur wer früh genug ankommt, erhält noch einen Platz. Wer irgend kann, vermeidet diese Zeit für seinen Segelurlaub; wer nicht, muss im Päckchen liegen.

Die häufigste Anlegeform in der Ostsee ist aber das Festmachen in einer »Box«. Dabei werden entweder die Heck- und Bugleinen an vier Pfosten festgemacht oder nur die Heckleinen an Pfosten und die Bugleinen am Steg. In einer weiteren Variante wird nach Ausbringen des Heckankers mit dem Bug zum Steg angelegt.

Zahlreiche Ankermöglichkeiten gibt es in den Boddengewässern, im Bereich der dänischen Inseln und entlang der ostdänischen Festlandsküste, aber wohl nirgends so viele wie in den schwedischen Schärengebieten. Damit das Schiff sicher liegt, wird hier zusätzlich mit einer Landleine an Felsen, Bäumen oder im Stein verankerten Metallringen festgemacht.

### Versorgung / Ausrüstung

Die Infrastruktur der Häfen und die Ausrüstungs- und Versorgungsmöglichkeiten zählen weltweit zu den besten.

### Land / Leute / Touristische Attraktionen

Die abwechslungsreichen Küstenformationen und der landschaftliche Reiz der Küstenregionen machen jeden Törn zu einer Entdeckungsfahrt. Sanft zur Küste abfallende Wiesen und Felder wechseln mit bewaldeten Steilküsten, langgezogenen Sandstränden und Dünen, Steinstränden und Felsküsten.

Völlig bizarr schließlich die meerumspülten Rundhöcker aus Stein, die schwedischen Schären, die auf der ostschwedischen Seite bewaldet sind. Gerade Küstenlinien bilden einen Kontrast zu kleinen und großen Buchten, die tiefen Einschnitte der Fjorde führen weit ins Landesinnere.

Inseln nah und fern laden zu den in der Ostsee so beliebten »Rund-...«-Törns ein: Der Klassiker heißt »Rund Fünen«, gerne gesegelt werden u. a. aber auch »Rund Seeland«, »Rund Lolland und Falster«, »Rund Rügen« und »Rund Bornholm«. Während Bornholm für mediterranes Flair bekannt ist – es wachsen sogar Feigen dort –, gelangt man südlich Fünen in die »Südsee«, wie das dänische

Inselmeer auch genannt wird. Um hier alle Inseln und Inselchen kennen zu lernen, reicht ein Urlaub nicht aus.

Für eine individuelle Törnplanung, die auf die Wünsche und das Können der Crew abgestimmt ist, eröffnen sich im Ostseeraum außerdem in anderer Hinsicht reichlich Spielräume. Nach langen oder kurzen Schlägen erreicht man überall interessante und ansprechende Ziele. Erholung und Entspannung Suchende können etwas abseits der Hauptrouten in kleinen Fischerhäfen anlegen und in ländlicher oder naturbelassener Gegend wandern und radeln.

Wer hingegen eine lebhafte Atmosphäre sucht, kann oftmals in Stadthäfen mitten in der Altstadt festmachen und sich in den Trubel stürzen.

Kulturhistorisch interessierte Segler finden in Stadt und Land Zeugnisse vergangener Epochen: Hügelgräber, Hinterlassenschaften der Wikinger, Schlösser, Windmühlen, Wallanlagen, hanseatische Backsteingotik, mittelalterliche Gassen, Herrenhäuser, Gründerzeitvillen und vieles mehr. Wem das noch nicht genügt, dem sei ein Besuch der meist sehr informativen Museen vor Ort empfohlen.

Um keine Überraschung zu erleben, ist es von Vorteil, die kulturellen Angebote und Veranstaltungen der Gegend schon in die Törnplanung mit einzubeziehen. Alljährliche große Musikfestivals, Regattawochen und Stadtfeste können dann gezielt angelaufen oder vermieden werden. Insbesondere für die Hauptstädte Kopenhagen und Stockholm kann man sich so aber auch einen Überblick verschaffen und verpasst nicht versehentlich das Beste.

Wer den Segeltörn mit einer anderen Sportart kombinieren möchte, wird dagegen seine Stopps eher bei den besten Tauch- oder Fischgründen, Golfplätzen oder Surfbuchten einlegen. Beim Badeurlaub muss man in den Ferienzeiten mit sehr gut besuchten Stränden rechnen.

### Einsteiger- und Familienrevier

Im Bereich der Ostsee gibt es viele Reviere, die sich für Einsteiger und Familien eignen: Flensburger Förde und Schlei beispielsweise, die dänische »Südsee« oder die Gewässer um Rügen.

Ganz besondere Vorzüge bietet aber ein Törn entlang der jütländischen Küste im Kleinen Belt. Dieser gut geschützte Ostseearm mit zahlreichen Fjorden, Häfen, Inseln und Ankerbuchten kann in kleinen Tagesetappen besegelt werden.

Die Nord-Süd-Ausrichtung ist vorteilhaft mit Hinblick auf den Rückweg, weil bei dem vorherrschenden Westwind dann nicht gegenan gekreuzt werden muss. Die Betonnung ist gut, die Ansteuerung einzelner Ziele bei Nacht kann jedoch schwierig sein und sollte besser vermieden werden. Bei Starkwind ist im Alsensund, dem Zufahrtsweg zum Kleinen Belt, mit Strom zu rechnen und auch in den Engen zwischen Inseln und Festland. Der Umkehrpunkt sollte etwa bei Haderslev liegen.

Im Vergleich zur dänischen »Südsee« ist dieses Revier nicht ganz so überlaufen im Sommer, vorzuziehen sind aber auch hier Zeiten, die außerhalb der Monate Juli und August liegen.

Obwohl die Versorgungsmöglichkeiten gut sind, ist es ratsam, einen Teil der Lebensmittel mitzunehmen und selbst zu kochen. Wer jeden Tag im Restaurant essen möchte, sollte hierfür mit einem größeren Posten im Gesamtbudget rechnen. Trotzdem sollte man nicht darauf verzichten, das zum Teil sehr farbenfrohe und vor allem reichliche dänische Essen wenigstens zu probieren.

Zahlreiche Badestrände, Freizeitparks und sonstige Vergnügungs-, Erlebnis- und Kulturangebote für Groß und Klein erhalten während des Törns die gute Laune der Crew.

### Zahlungsmittel / Kosten

Gezahlt wird in dem dargestellten Gebiet der Ostsee mit Euro, in Dänemark mit dänischen Kronen, in Schweden mit schwedischen Kronen (Stand 2003).

Im Bereich der deutschen Ostseeküste sind die durchschnittlichen *Liegeplatzgebühren* in Mecklenburg-Vorpommern (bisher noch) günstiger als in Schleswig-Holstein.

Schweden hat ein hohes Preisniveau, Dänemark ist etwas günstiger. Bei Mitnahme von alkoholischen Getränken ist auf die *Zolleinfuhrbestimmungen* zu achten.

## *Mittelmeer*

Das Mittelmeer, oft auch als »Badewanne« verniedlicht, wird gemeinhin als die »Wiege der Seefahrt« betrachtet und hat zumindest in Odysseus einen frühen tragischen Seehelden hervorgebracht. Dessen Irrfahrten im Mittelmeer geben einen eindrucksvollen Hinweis auf die Tücken dieses Reviers – für einen einfachen Rücktörn benötigte er letztlich zehn Jahre.

Mit dem Atlantik durch die Straße von Gibraltar verbunden, wird das Mittelmeer durch stetigen Wasserzufluss vor allmählicher Verdunstung bewahrt. Die Gezeiteneinflüsse sind jedoch so gering, dass von einem Binnenmeer gesprochen werden kann.

Zur Bezeichnung der verschiedenen Buchten und Abschnitte ist das Mittelmeer in zahlreiche Kleinmeere unterteilt: Ligurisches Meer und Tyrrhenisches Meer an Italiens Westküste, Adriatisches Meer zwischen ostitalienischer und kroatischer Küste, Ionisches Meer vor der griechischen Westküste und Ägäisches Meer zwischen Ostgriechenland und türkischer Küste.

Yachtcharter wird überwiegend in Spanien mit Schwerpunkt auf den Balearen, Frankreich, Italien, Griechenland, Kroatien und der Türkei betrieben. Und während das Mittelmeer insgesamt Platz zwei in der Beliebtheitsskala der deutschen Chartersegler einnimmt, steht im internen »Ranking« inzwischen Kroatien an erster Stelle. Dabei spielt die gute Erreichbarkeit aus Süddeutschland eine große Rolle, denn die Autobahnanbindung macht die Anreise im eigenen Pkw zu einer schnellen, kostengünstigen und bequemen Alternative und die Adria vor Kroatien zum »Hausrevier« der deutschen Mittelmeersegler.

### Wind / Wetter / Klima

Mediterranes Klima bedeutet für den Segler: Trockene, heiße Sommer und beständige leichte Winde garantieren ein ungetrübtes Segelvergnügen. Das ist die Regel, also typisches Sommerwetter im Mittelmeer, das von thermischer Luftzirkulation, insbesondere Seewind, bestimmt wird.

Nun zu den Ausnahmen: Bedingt durch die Oberflächenstruktur der Landmassen entwickeln sich zahlreiche lokale Windphänomene, d. h. Kap- und Düseneffekte sowie Fallwinde, die den Segler mit überraschender Wucht treffen können.

Bei bestimmten Großwetterlagen muss – auch im Sommer – mit Starkwindverhältnissen gerechnet werden. Von den über 100 regional auftretenden Winden können einige sehr gefährlich werden.

Der *Mistral* gilt als der gefährlichste Mittelmeerwind, der buchstäblich schon manchen »kalt erwischt« hat. Als Mistral werden Kaltlufteinbrüche ins westliche Mittelmeer bezeichnet. In den schmalen Durchlässen der Flusstäler des Ebro, der Garonne und der Rhone erreicht die kalte Luft enorme Geschwindigkeiten und schießt dann aus heiterem Himmel aufs Wasser, nicht selten mit Sturmstärke.

Zunächst aus Norden kommend, fächert der Mistral an den Rändern aus und trifft die Balearen aus Nordost, den Golf von Genua aus Südwest, Korsika und Sardinien eher aus Westnordwest. Die Zugbahn über das freie Wasser verläuft in Südostrichtung bis in die Straße von Sizilien, wo er – wie auch in der Straße von Bonifacio – durch die Trichterwirkung eine Verstärkung erfährt.

Die zunächst trockene Kaltluft nimmt über dem Mittelmeer Feuchtigkeit auf und erwärmt sich, sodass in zunehmender Entfernung von der Festlandsküste Schauer und Gewitter die Begleiterscheinungen des Mistral sind. Mit einer unterschiedlichen Dauer von einigen Stunden bis zu 12 Tagen kann der Mistral das ganze Jahr über auftreten, in der Segelsaison statistisch jeden 3. Tag. Die größte Stärke erreicht er im Frühjahr.

Das gleiche Windphänomen wird in der nördlichen Adria *Bora* genannt. Einfallschneisen für die Kaltluft sind hier die Gebirgslücke bei Triest, der Quarner, der Golf von Rijeka, die Region um Svenjska Vrata, die Bucht von Sibenik, die Vrulje-Bucht und der Nordwestausgang des Mljetski-Kanals. Die Bora weht aus nordöstlicher Richtung mit einer durchschnittlichen Stärke von 5–7 Bft und tritt während der Segelsaison mit einer statistischen Häufigkeit von 15 bis 25 % auf. Die größten Stärken werden im Frühjahr und Herbst erreicht, insbesondere im Spätsommer und Herbst verbunden mit Regen- und Hagelschauern. Typisch für die Bora ist ein Vorstoßen in Wellen – nach etwa 12 Stunden folgt eine Flaute, die blitzartig wieder von der Bora beendet wird und so fort.

*Meltemi* (türkisch) oder *Etesien* (griechisch) heißt der im Sommer in der Ägäis vorherrschende Wind. Er weht mit großer Beständigkeit in der nördlichen Ägäis überwiegend aus Nordost, in der zentralen und südlichen Ägäis aus Nord und im südlichen Teil nahe der türkischen Küste aus Nordwest mit einer durch-

schnittlichen Stärke von 3–5 Bft. In den Kykladen und in der zentralen und süd-
östlichen Ägäis werden jedoch nicht selten auch Starkwind- und Sturmstärken
erreicht.
Der *Schirokko*, ein Wüstenwind direkt aus der Sahara, weht durchschnittlich
2 bis 5 Tage im Monat aus Südwest bis Südost. Dieser zunächst sehr trockene
Wind befördert eine Menge Staub und Sand in nördliche Richtungen und saugt
sich über dem Mittelmeer mit Feuchtigkeit voll. Wenn man am südlichen Horizont gelbliche oder rötliche Dunstwolken sichtet, ist der Schirokko im Anmarsch.
Er weht mit durchschnittlich 4–6 Bft, selten 7 oder 8. Ein sprunghafter Tempera-
turanstieg von bis zu 20 °C, unangenehm schwülfeuchte Luft und erhebliche
Sichtverschlechterung setzen sofort und plötzlich ein. Nach Durchzug des Schi-
rokko folgt meist eine Kaltfront mit orkanartigen Böen und Gewittern.
Die Gemeinsamkeit dieser Winde besteht darin, dass sie ohne zuverlässige
Anzeichen sehr plötzlich einsetzen und dem Segler nicht mehr genügend Zeit
lassen, um einen Schutzhafen aufzusuchen. Das regelmäßige Abhören des
Wetterberichts schützt vor Überraschungen, denn die Vorhersagen sind recht
zuverlässig.
Ohne Wind keine Welle: Bei Flaute liegt das Mittelmeer spiegelglatt da –
Zeit für eine Badepause. Die mittlere Wellenhöhe bei typisch sommerlichen
Schwachwinden beträgt 0,5 m – ideales Segelwetter.
Tagestemperaturen von über 30 °C im Juli und August und strahlender Sonnen-
schein können den Urlaub zu einer schweißtreibenden Angelegenheit machen.
Vom Bimini bis zum ausreichenden Getränkevorrat und persönlicher Ausstat-
tung sollten geeignete Sonnen- und Hitzeschutzmaßnahmen in die Vorberei-
tung einbezogen werden.

### Navigation

Die Betonnung im Mittelmeer ist im Wesentlichen auf die Berufsschifffahrt aus-
gerichtet. Mit der positiven Ausnahme von Kroatien können Segler daher nicht
davon ausgehen, dass etwaige Untiefen auf ihrer Route markiert sind. Die in
den Karten verzeichneten Tonnen und Leuchtfeuer sind zudem in der Realität
nicht immer vorzufinden. Also empfiehlt es sich, vor jeder Tagesetappe die Seekarte genauestens nach Gefahrenstellen abzusuchen.
Terrestrische Navigation reicht aus, weil in der Regel Landsicht besteht. Zu

beachten ist der zum Teil rege Fährverkehr mit besonderer Aufmerksamkeit gegenüber der zunehmenden Anzahl von Schnellfähren.

**Häfen / Ankerplätze**

Im gesamten nördlichen Mittelmeerraum von Spanien bis zur Türkei gibt es ein dichtes Netz von Marinas, Sportboothäfen, Stadt- und Fischereihäfen. Im Juli und August (Ferienzeit) sind sie in der Regel völlig überfüllt, und nur wer rechtzeitig – das kann schon mittags sein – ankommt, erhält noch einen Liegeplatz. Wer dagegen bis zum Mittag noch nicht losgefahren ist, muss an vielen Orten für einen weiteren Tag Liegegebühren bezahlen.

Üblicherweise wird nach Ausbringen des Bugankers mit dem Heck zum Steg bzw. zur Pier angelegt, eine Anlegevariante, die auch »römisch-katholisch« genannt wird. Wer zu dicht an einen Kai heranfährt, riskiert einen Ruderschaden, weil unter Wasser häufig ein Vorsprung an der Hafenmauer verborgen liegt. Zudem besteht die Gefahr, dass das Schiff bei Schwell, verursacht z. B. durch vorbeifahrende Fähren, mit dem Heck an die Mauer kracht – die häufige Folge: ebenfalls die Beschädigung von Heck und Ruder.

Oft genug entsteht im Hafenbecken Ankersalat – daher beim Einholen des eigenen Ankers darauf achten, dass gegebenenfalls mithilfe einer Leine der eigene Anker unter der Kette eines anderen Ankerliegers hervorgezogen werden kann. Und im Falle, dass andere morgens vor Ihnen ablegen, ist es sinnvoll zu prüfen, ob der eigene Anker noch hält.

Um genau diesen Misslichkeiten vorzubeugen, haben die meisten Marinas inzwischen Murings ausgelegt. Dann wird nach dem Rückwärtsanleger die am Steg befindliche Muringleine am Bug befestigt. Wer an einem Steg vor einem Restaurant anlegt, liegt kostenlos, wenn dort auch gespeist wird.

Ankermöglichkeiten sind im gesamten Gebiet zahlreich vorhanden, zum Teil aber kostenpflichtig. Mancherorts ist das Ausbringen des eigenen Ankers auch verboten, und Segler müssen an Bojen festmachen (z. B. in einigen Gebieten Kroatiens und der Balearen) – auch diese sind kostenpflichtig.

**Versorgung / Ausrüstung**

In den gängigen Chartergebieten des Mittelmeers ist eine problemlose Versorgung mit Lebensmitteln möglich. Selbstverständlich kann in kleinen, weniger touristischen Orten – gerade auch auf Inseln – nicht mit einem vollen Supermarktsortiment gerechnet werden.

Wasser ist ebenfalls überall erhältlich und wird manchmal von einem »Wassermann« gebracht. Selbst wenn das Wasser nicht als Trinkwasser verwendet werden kann, macht es in Gebieten mit Trinkwassermangel keinen guten Eindruck, wenn damit das Deck abgespritzt wird. Zum Teil wird das extra angelieferte Wasser mit erheblichen Aufschlägen verkauft – erkundigen Sie sich vorher nach dem Preis, und notieren Sie den Zählerstand.

Vorsicht ist auch beim Diesel geboten, insbesondere Treibstoffe aus Fässern können verunreinigt sein. Notieren Sie vor dem Tanken den Zählerstand und lassen Sie sich eine Quittung geben, damit Sie gegenüber dem Vercharterer – sollten Sie Motorprobleme bekommen – nachweisen können, dass Sie »Markenstoff« getankt haben.

Ausrüstungsmöglichkeiten bieten alle größeren Marinas und große Häfen.

### Land / Leute / Touristische Attraktionen

Sonne, blauer Himmel, blaues Wasser – das sind die Hauptattraktionen des Mittelmeers für den wenig sonnenverwöhnten Mitteleuropäer. Wer noch mehr will, muss nicht lange suchen, denn in den meisten Anrainerstaaten hat sich im Verlauf von Jahrzehnten eine ganz auf die Wünsche der Sommerurlauber ausgerichtete Angebotsstruktur entwickelt. Bars, Cafés, Märkte, Diskotheken, Boutiquen, Souvenirläden und Restaurants mit einheimischer und internationaler Küche sorgen in den kleineren und größeren touristischen Zentren für ein fröhliches Treiben in den Altstadtgassen. Und selbst in der Türkei, wo einige Küstenabschnitte aus Naturschutzgründen nicht zur Bebauung freigegeben sind, können Segler sich in ansonsten unbewohnten Buchten in so genannten »Buschrestaurants« mit landestypischen Köstlichkeiten verwöhnen lassen.

An der Côte d'Azur, Drehort vieler bekannter Spielfilme, kann der Segler in wunderschönen Stadthäfen in die Welt der Schönen und Reichen eintauchen, während der Hauptsaison allerdings nur mit Liegeplatzreservierung. Italiens nördliche Küsten haben zwar nicht den gleichen mondänen Ruf, können aber in jeder Hinsicht mithalten – die »Perlenkette« der malerischen Häfen und Landschaften setzt sich dort und entlang der kroatischen Küste fort, die Costa Smeralda auf Sardinien gilt ebenfalls als Jet-Set-Treff.

Auf den Balearen, mit Ausnahme von Menorca, herrscht immer Partystimmung. Hier, wie auch in der Türkei und Kroatien, kommen Deutsche ohne weitere Fremdsprachenkenntnisse gut über die Runden.

Die Balearen, Korsika, Sardinien und Elba sind beliebt für Rundtörns, bei denen sich auch die ruhigeren und ursprünglicheren Seiten des Insellebens entdecken lassen.

Die verschiedenen griechischen Inselgruppen laden eher zum »Island-Hopping« und die türkische Küste zum Buchtenbummeln ein. Von wildromantisch zerklüfteten Felsküsten bis zu Vulkaninseln und unterschiedlichen Abstufungen karger bis üppiger Vegetation und langgezogenen Sandstränden bietet die mediterrane Küstenlandschaft auf engstem Raum eine Postkartenansicht nach der anderen. Historische Bauwerke unterschiedlicher Epochen sind lohnende Besichtigungsziele an Land, und wer sich etwas abseits der üblichen Touristenpfade bewegt, wird Einblicke in die traditionellen Landeskulturen erhalten.

### Einsteiger- und Familienrevier

Das klassische Einsteiger- und Familienrevier im Mittelmeerraum ist das Ionische Meer beziehungsweise der geschützte Abschnitt zwischen den Ionischen Inseln von Korfu im Norden bis Zakynthos im Süden und Festland. Die größte Etappe zwischen den Inseln Levkas und Antipaxos beträgt 30 sm. Die einzige Marina des Gebiets liegt auf Korfu und ist oft Ausgangspunkt eines Törns. Auf den Inseln wird in Stadt- oder Fischerhäfen angelegt oder eine der zahlreichen geschützten Ankerbuchten aufgesucht. Da der thermische Seewind aus Nordwest spätestens um 20.00 Uhr einschläft, gilt das Ankern hier als besonders sicher.

Die Versorgungsmöglichkeiten mit Lebensmitteln sind in einem gewissen Umfang überall gewährleistet. Diesel und Wasser wird üblicherweise vom Tankwagen oder vom »Wassermann« gebracht – dabei vorher Zählerstand notieren und sich über den Preis verständigen. Landstrom gibt es in der Regel nicht, sodass hin und wieder ein paar Motorstunden fällig sind. Im Bereich Ausrüstungs- und Ersatzteile sieht es schon schlechter aus. Im Falle eines technischen Problems sollte man sich am besten an den Ansprechpartner des Vercharterers wenden.

In den Stadthäfen mangelt es im Allgemeinen an sanitären Anlagen. Meist bieten aber Hotels Duschmöglichkeiten gegen Bezahlung an. Liegegebühren werden dafür in den Häfen, wenn überhaupt, nur in geringem Umfang erhoben.

Ein Vorteil dieses Gebiets sind die etwas gemäßigteren Sommertemperaturen. Vor allem im August ist es aber völlig überlaufen. Wer die Wahl hat, bucht im Zeitraum Mai bis Juli.

Einige Inseln sind echte Touristenhochburgen, wie z. B. Korfu, auf anderen kann man noch Ruhe und Erholung finden. Außer sportlichen Aktivitäten wie Baden, Schnorcheln, Wandern und Bergsteigen lassen sich bei Inselerkundungen Höhlen und Grotten und Baudenkmäler aus der bewegten Vergangenheit der Inseln entdecken.

### Zahlungsmittel / Kosten

Innerhalb der Eurozone wird mit Euro gezahlt, in Kroatien mit Kuna, in der Türkei mit türkischer Lira. Geldumtausch stellt in der Regel kein Problem dar, und in größeren Orten werden gängige Kreditkarten meist akzeptiert.

Die *Liegeplatzgebühren* fallen recht unterschiedlich aus und werden teils mit Nebenkosten für Wasser und Strom, teils ohne angegeben. In Italien und Griechenland enthalten die angegebenen Preise außerdem noch keine Mehrwertsteuer. Hinzu kommende Sondersteuern und –abgaben einzelner Staaten sollten auf dem aktuellen Stand abgefragt werden. Die Kosten für Liegeplätze (Stand 2003) an der französischen Festlandsküste, insbesondere Cote d'Azur, an den norditalienischen Küsten und auf den Balearen sind sehr hoch, Kroatien und die Türkei haben trotz Booms noch relativ gemäßigte Preise und Griechenland ist unglaublich günstig, hat dafür aber auch kaum Serviceangebote. Wer weniger häufig in Marinas oder Häfen anlegt und mehr ankert, kann aber selbst in den hochpreisigen Gebieten wie z. B. den Balearen einen recht günstigen Törn machen, obwohl meistens Ankergebühren erhoben werden.

Die Lebensmittelpreise innerhalb der Eurozone sind in etwa vergleichbar mit den Preisen in Deutschland, in Touristengebieten und auf Inseln muss allerdings in der Regel etwas tiefer in die Tasche gegriffen werden. In Kroatien liegen die Preise ebenfalls auf deutschem Niveau. Somit ist die Türkei derzeit das preiswerteste Charterland im Mittelmeer, denn hier bekommt man mehr für den Euro.

## Karibik

So stellen wir uns die Karibik vor: Sonne, strahlend blauer Himmel, türkisblaues Wasser, ein Segelschiff in paradiesischer Ankerbucht, weißer Sandstrand mit Palmen, fröhliche Menschen. All diese aus der Werbung bekannten Klischeebilder beziehen sich aber nur auf einen Teil der Karibik, gemeint sind die Kleinen Antillen, auch »Inseln über dem Wind« genannt, die in einem Bogen mit den Großen Antillen den Atlantik vom Karibischen Meer abgrenzen.

Die Kleinen Antillen sind das eigentliche seglerische Kerngebiet für Charterer, welches in drei Reviere bzw. Inselgruppen unterteilt wird: die Virgin Islands (Jungferninseln), die Leeward Islands (von Süden nach Norden die Inseln Dominica bis Anguilla) und die Windward Islands (von Norden nach Süden die Inseln Martinique bis Grenada). Die Bezeichnungen Leewards und Windwards beziehen sich auf den im Gebiet vorherrschenden Nordostpassat. Erst in jüngerer Zeit sind Charterbasen in Venezuela, Belize und neuerdings auf Kuba (Große Antillen) hinzugekommen.

### Wind / Wetter / Klima

Die gesamte Karibik liegt im Einflussbereich des Nordostpassats, der relativ konstant mit einer durchschnittlichen Windstärke von drei bis fünf Beaufort weht. Insbesondere während der Sommermonate kann es vorkommen, dass der Wind über Ost nach Süd dreht und mit 7 Bft, in Böen bis 9 Bft, bläst. Vor allem im Dezember und Januar ist auch mit Nord- oder Nordwestwind (»Christmas Winds«) in Sturmstärke und mit Gewittern zu rechnen. Als *Hurrikan-Saison* gelten die Monate Juni bis Oktober, gerade die Kleinen Antillen sind jedoch statistisch betrachtet von diesen Wirbelstürmen wenig betroffen.

Bei normalen Passatverhältnissen beträgt die Wellenhöhe etwa einen Meter, bei Starkwind leicht bis zu drei Meter. Die so genannte Regenzeit dauert von Juli bis Dezember, was nicht heißt, dass es dann den ganzen Tag regnet; vielmehr handelt es sich meistens um zehnminütige Wolkenbrüche, und danach ist es so sonnig wie zuvor. Luft- und Wassertemperaturen liegen ganzjährig zwischen 25 und 30 °C, und die Sonneneinstrahlung ist sehr intensiv. Auf dem Wasser lässt sich die tropische Wärme mit hoher Luftfeuchtigkeit durch den beständigen Passat sehr gut ertragen, weshalb viele Anbieter im »Ganzjahresrevier mit

Schönwettergarantie« durchgängig verchartern. Tatsächlich können Hurrikane und ihre Zugbahnen durch Satellitenfrühwarnsysteme auf 40 Stunden im Voraus ziemlich sicher berechnet werden, sodass ausreichend Zeit bleibt, ein »hurricane hole«, also einen Schutzhafen aufzusuchen. Bei den Yachtchartergebühren lässt sich für Leute, die den Nervenkitzel mögen, jedenfalls manches Schnäppchen schlagen.

## Navigation

In der Karibik wird das Betonnungssystem »B« verwendet, das heißt rote Spitztonnen an der Steuerbordseite und grüne Stumpftonnen an der Backbordseite. Sowohl Tonnen als auch Leuchtfeuer sind aber sehr unzuverlässig, weil vertrieben, an anderer Stelle als in der Seekarte verzeichnet oder außer Betrieb. Üblicherweise wird deswegen nach Sicht navigiert: Die Tiefe des Wassers lässt sich anhand der unterschiedlichen Blautöne bestimmen, und Korallenriffe sind in dem kristallklaren Wasser deutlich zu erkennen – tagsüber. Wegen des erhöhten Versicherungsrisikos sind Nachtfahrten bei den meisten Vercharterern vertraglich verboten.

Mit einem Strom von etwa 1 kn ist zu rechnen, zwischen den Inseln kommt es zum Teil zu Strömungen bis zu 2,5 kn.

Bei der Navigation mit GPS-Empfängern muss das so genannte »Kartendatum« berücksichtigt werden, auf das sich die jeweilige Seekarte bezieht. GPS verwendet als Kartendatum das *World Geodetic System 1984* (WGS 84), während sich die Seekarten vieler Länder auf ein anderes Kartendatum beziehen. Nie auf die »naturgegebene« GPS-Genauigkeit vertrauen, immer genügend Sicherheitsabstand zu kritischen Bereichen halten und traditionelle Navigationsmethoden parallel anwenden.

### Häfen / Ankerplätze

Überwiegend wird geankert – ein gutes Ankergeschirr und ein Beiboot mit Außenborder sind unerlässlich. Manchmal kann in Restaurantbuchten an ausgelegten Murings festgemacht werden. In den zahlreichen Marinas im Bereich der Kleinen Antillen wird in der Regel rückwärts vor Buganker angelegt.

**Versorgung und Ausrüstung**

Die Versorgungsmöglichkeiten in den Kleinen Antillen sind gut bis ausgezeichnet, mancherorts aber auch sehr touristisch geprägt. Da die Inseln fast ausschließlich vom Tourismus leben, versuchen viele Inselbewohner, gerade auch der ärmeren Inseln, ihr eigenes Geschäft mit den Touristen zu machen. Fliegende Händler fahren zu den Yachten und bieten ihre Waren und Dienstleistungen an: frisches Obst, Hummer, Eis, Leinen an Land schleppen, aufs Dingi aufpassen und dergleichen mehr – man muss sich nur noch auf einen Preis einigen, denn die häufig geforderten Höchstpreise sind Verhandlungsbasis.

**Land / Leute / Touristische Attraktionen**

Wohl einmalig auf der Welt ist die kulturelle Vielfalt der karibischen Inseln. Jede hat ihre eigene koloniale, meist bewegte Vergangenheit und damit auch kulturelle Prägung, die britisch, französisch, dänisch, spanisch, niederländisch oder US-amerikanisch sein kann. Heute sind viele Inseln unabhängig, einige sind französische Departments, andere gehören dem britischen Commonwealth an, den Niederlanden oder sind US-amerikanisches Hoheitsgebiet.

Für den Segler hat das zur Folge, dass er ständig in ein neues Land einreist, wenn er eigentlich nur wenige Seemeilen bis zur nächsten Insel zurückgelegt hat, und jedes Mal aufs Neue zum Zoll und zur Einwanderungsbehörde muss. Wer die US-Virgin Islands anlaufen möchte, benötigt zusätzlich ein Visum, das vor Urlaubsantritt beantragt werden muss.

Die Verständigung klappt zumindest im Yachtbereich überall auf Englisch, ein paar Worte und Redewendungen in den jeweiligen Landessprachen können sich bei Landgängen jedoch als hilfreich erweisen, gerade auch, um mit den Menschen ins Gespräch zu kommen.

Ausflüge zur Erkundung der Inseln lohnen sich immer – wie schon gesagt, keine Insel ist wie die andere. Die landschaftliche Vielfalt reicht vom flachen, palmensandstrandbedeckten Eiland bis zur gebirgigen Vulkaninsel mit üppigem Regenwald und Wasserfall. Man kann alte Kolonialbauten bestaunen oder die jeweilige Landesküche in Restaurants genießen. Es gibt Inseln mit vielen touristischen Angeboten und völlig einsame, sogar unbewohnte.

Viele der Inseln sind von Korallenriffen umgeben, einige gelten als wahre Schnorchlerparadiese.

Beim Baden und Schnorcheln sollten aber bestimmte Vorsichtsmassregeln eingehalten werden: Vergewissern Sie sich, dass es keine gefährlichen Strömungen gibt. Tragen Sie keinen Schmuck oder funkelnde Taucheruhren, wenn vom Schiff aus auf offenem Meer gebadet wird. Das könnten Haie attraktiv finden. Baden Sie auf keinen Fall nachts, denn Haie schwimmen dann näher zum Land.

### Einsteiger- und Familienrevier

Als typisches Einsteigerrevier der Karibik gelten die British Virgin Islands (BVI). Die luvwärtigen Inseln Gorda, Anegada und Tortola bremsen Passat und atlantische Dünung, wodurch fast der Eindruck eines Binnenreviers entsteht. Riffe und Untiefen sind gut gekennzeichnet, und die Schläge zwischen den Inseln sind kurz. Viel kleine Ankerbuchten mit Sandstränden bieten ideale Voraussetzungen für eine Kombination von Segel- und Badeurlaub, bestens geeignet also für Familien mit Kindern. Außerdem weisen alle Inseln eine gut ausgebaute Infrastruktur auf.

### Zahlungsmittel / Kosten

Gezahlt wird entsprechend der Nationalität oder nationalen Zugehörigkeit der Inseln mit Euro, US-Dollar oder EC-Dollar (East Caribbean $). Gängige Kreditkarten werden fast überall akzeptiert. Insgesamt ist die Karibik ein eher teures Revier – das Niveau der Einkaufspreise liegt über dem in Deutschland, und die ständigen Permit- und Einklarierungsgebühren ergeben in der Summe einen nicht zu unterschätzenden Zusatzposten.

## Nordsee

Bei einem Gezeitenrevier wie der Nordsee läuft alles *mit* der Tide, *dagegen* wenig oder nichts. Wer hier das kleine Einmaleins nicht beherrscht, kann leicht Schiffbruch erleiden. Doch selbst die dickbäuchigen Hansekoggen haben es schon regelmäßig bis nach London geschafft und wieder zurück – sofern die Viktualienbrüder sie nicht »auflaufen« ließen. Aus heutiger Sicht ein tollkühner Leichtsinn, denn es gab weder moderne Navigationsinstrumente noch aktuelle Seekarten, geschweige denn einen Seewetterbericht.

Heute ist die Nordsee eines der meist befahrenen Gewässer der Erde, die Bedeutung als Handelsroute im internationalen Gütertransfer enorm, was den Küstensegler allerdings in keiner Weise beeinträchtigt: Er sieht die Karawane am Horizont entlang ziehen – die »dicken Pötte« fahren im Verkehrstrennungsgebiet.

In den Anrainerstaaten – Holland, Belgien, England, Schottland, Norwegen, Dänemark und Deutschland – wird Yachtcharter in einem gewissen Umfang angeboten, spielt aber im Chartergeschäft insgesamt eine völlig untergeordnete Rolle. Denn der seglerische Anspruch des Gebiets ist hoch: Charterskipper mit Erfahrung im Mittelmeer- und Ostseeraum, die eine neue Herausforderung suchen, sollten sich prüfen, wie fit sie in Tidennavigation sind. Aber keine Sorge, das kann man (wieder) lernen!

## Wind / Wetter / Klima

Die Nordsee liegt im Bereich der Westwindzone. Im Sommer weht der Wind überwiegend aus südwest- bis nordwestlicher Richtung. Im Gegensatz zu einigen Gebieten im Mittelmeer kann man in der Regel mit einem guten und gleichmäßigen Segelwind rechnen. Während der Segelsaison von Mai bis August beträgt die durchschnittliche Windstärke 3 bis 4 Bft, und schwere Stürme sind – zumindest im Bereich der Deutschen Bucht – statistisch überaus selten. Bei Starkwind können einzelne Böen in Spitzen jedoch durchaus 8 bis 10 Bft erreichen. Ein Segler sollte in seiner Zeitplanung immer ein paar Tage in Reserve halten, damit er nicht unter Zeitdruck gerät, falls er in einem Hafen einweht. In anderen Nordseegebieten, z. B. Schottland, muss auch im Sommer mit Sturm gerechnet werden, ab September ebenfalls in der Deutschen Bucht. Trotz der freundlichen Sommerstatistik der Deutschen Bucht ist das Abhören des Wetterberichts immer Pflichtveranstaltung!

Während der Segelsaison von Mai bis August kann im Bereich der Deutschen Bucht und südlichen Nordsee überwiegend mit ruhiger See gerechnet werden, d. h. Wellenhöhe unter 1 m, in der nördlichen Nordsee beträgt die durchschnittliche Wellenhöhe in diesem Zeitraum 1,4 m. Deutlich höhere Werte werden allerdings bei Starkwind oder zusätzlicher Dünung erreicht.

Das übrige Wetter lässt sich nur schwer verallgemeinern: Sonne, Regen, Temperaturschwankungen – Segler sollten sich einfach hinsichtlich der Kleidung auf alles vorbereiten. Die durchschnittliche Lufttemperatur liegt bei 17 °C, die durchschnittliche Wassertemperatur bei 14 °C, aber darüber und darunter ist noch einiges möglich.

## Navigation

Betonnung und Befeuerung sind in der Nordsee ausnahmslos hervorragend. Die Fahrwasser im Wattenmeer sind mit Stangen und Pricken gekennzeichnet. Hier sollte man wegen der wandernden Sände und permanenten Verschiebungen ausschließlich Seekarten verwenden, die auf den neuesten Stand berichtigt sind, und zusätzlich immer einmal ein Auge auf die Anzeige des Tiefenmessers werfen.

Im Gezeitenrevier richtig zu navigieren, heißt vor allem den Gezeitenstrom nutzen, denn sonst kommt man – wenn überhaupt – nur mühsam voran. Ein Segler kann nicht einfach zu beliebiger Zeit in beliebiger Richtung aufbrechen, sondern muss vorher berechnen, wann er losfahren muss, um z. B. ein Wattenhoch beim Kentern des Stroms zwischen höchstem Wasserstand und einsetzendem Ebbstrom zu erreichen. Für diese Zwecke benötigt er *Stromatlas* und den *Gezeitenkalender*. Die Stromstärke ist unterschiedlich und ebenfalls tidenabhängig: Im offenen Fahrwasser in der Deutschen Bucht kann man durchschnittlich von 1 kn ausgehen, in Prielen, Seegatten und Flussmündungen sind es leicht 2 bis 3 kn oder mehr. Bei Starkwind kann es zu gefährlichen Wind-gegen-Strom-Effekten kommen, die die Seegatten für Yachten unpassierbar machen. Ganz wesentlich ist außerdem noch die Berücksichtigung der Wasserstände, die durch auf- und ablaufendes Wasser (Flut und Ebbe) steigen oder sinken. Abhängig vom Stand des Mondes zur Erde werden besonders hohe und besonders niedrige Werte erreicht (Springtide) oder weniger hohe und weniger tiefe (Nipptide). Der mittlere Tidenhub (Differenz zwischen Hochwasser- und Niedrigwasserstand) bei Norderney beispielsweise beträgt 2,5 m, an der schottischen Küste 4 m, vor Norwegen 0,5 m. Wer im Wattenmeer nicht trockenfallen möchte oder kann, muss einplanen, dass er bestimmte Strecken nur in einem eingeschränkten Zeitfenster, z. B. 2 h vor Hochwasser bis 2 h nach Hochwasser, zurücklegen kann.

Im Inselbereich ist auf Fähren zu achten, in großen Flussmündungen oder beim Queren von Verkehrstrennungsgebieten auf die Berufsschifffahrt.

Große Teile der niederländischen und deutschen Wattengebiete sind National-parks mit zeitweiligen oder ganzjährigen Einschränkungen oder Befahrensver-boten (Schutzzonen I und II). Bestimmungen und Einteilung können den See-karten entnommen werden.

## Häfen / Ankerplätze

Entlang der Festlandsküste bis Dänemark und auf den friesischen Inseln sind moderne Yachthäfen in Tagesetappen zu erreichen. Achtung: Einige von ihnen fallen trocken! Angelegt wird per Seitenanleger an Schwimmstegen, in den skandinavischen Ländern auch per Buganleger und Lassotrick. Selbst im Som-mer bekommt man in der Regel noch einen freien Liegeplatz ab, ausnahms-weise kann es vorkommen, dass im Päckchen angelegt werden muss, auf Hel-goland ist das z. B. regelmäßig der Fall. An der englischen und schottischen Ostküste müssen Segler oftmals in Fischerei- oder Industriehäfen an hohen Kai-mauern (Tidenhub) festmachen, wofür lange Leinen benötigt werden.

Die Ankermöglichkeiten sind im Wattenmeer aus Naturschutzgründen stark be-schränkt worden. Sehr schöne und geschützte Naturhäfen (Fjorde) zum Ankern findet man in Norwegen; hierzu wird eine lange Ankerleine benötigt.

## Versorgung und Ausrüstung

Die Versorgungsmöglichkeiten in den Häfen und Städten sind gut bis sehr gut. Ausrüstung und Schiffszubehör ist in allen größeren Hafenstädten problemlos erhältlich.

## Land / Leute / Touristische Attraktionen

Fast alle Küstenstädte hatten oder haben eine wirtschaftliche oder militärische Bedeutung als Handelsplätze, Fischerei- oder Marinehäfen oder für den Schiff-bau. Selbst an Orten, wo heute der Tourismus als Haupteinnahmequelle die his-torische Infrastruktur mehr und mehr verdeckt, weisen die meist sehr gut erhal-tenen Altstädte und Ortskerne anschaulich auf vergangene Zeiten hin. Sehr aufschlussreich können in diesem Zusammenhang die Museen für Stadt-geschichte, maritime Museen oder Heimatmuseen sein. Wo noch »echter« Hafenbetrieb ist, gibt es eigentlich immer etwas Interessantes zu sehen und manchenorts auch einzukaufen: frische Krabben, Garnelen oder Fische.

Jede einzelne der Inseln von Holland bis Dänemark ist einen Besuch wert, die Palette reicht von Schickeria- und Partyinsel bis zu autofreier Naturschutzinsel; es gibt Sandstrände, Dünen und freien Blick bis zum Horizont – ideal zum Spazieren, Drachen steigen oder Seele baumeln lassen.

Der rote Sandsteinfelsen – Helgoland – lädt vor allem zum Tanken und zollfreien Einkaufen ein, ist aber bei Sonnenschein auch ein schöner Anblick.

Weltweit einmalig ist das Wattenmeer als Lebensraum von Millionen von Vögeln, Seehunden, Robben und anderen Tieren. Es erstreckt sich von den Westfriesischen Inseln im Westen bis zur dänischen Insel Fanø im Nordosten. Vor den nordfriesischen Inseln Sylt und Amrum haben Schweinswale ihre Kinderstube. Sie schwimmen gern in der Bugwelle von Schiffen mit. Sofern motort wird, sollte die Fahrt verlangsamt oder am besten der Motor ganz abgestellt werden, damit die Tiere sich nicht an der Schraube verletzen.

Wer es noch naturnäher und einsamer mag, ist an Schottlands und Norwegens zerklüfteten Felsenküsten gut aufgehoben.

**Einsteiger- und Familienrevier**

Das einzige auch für Anfänger geeignete Revier der Nordsee ist das IJsselmeer in Holland, eine durch einen Damm abgetrennte Nordseebucht, die nur noch durch Schleusen mit der Nordsee verbunden ist und dadurch den Charakter eines Binnengewässers angenommen hat. Die 2000 km² große Wasserfläche wird durch einen weiteren Damm in Markermeer und IJsselmeer unterteilt, auch hier Zufahrt über Schleuse. Während der Hochsaison kommt es häufig zu langen Wartezeiten und manchmal auch etwas chaotischen Zuständen im vorderen Schleusenbereich, weil der Andrang so groß ist.

Bei meist hervorragendem Segelwind im Sommer kann hier gezeitenunabhängig gesegelt werden. Nur bei Starkwind bauen sich durch die geringe Wassertiefe von 3 bis 5 m kurze, hohe Wellen auf, die für Segler gefährlich werden können. Das Gebiet ist sehr gut betonnt, die meisten Tonnen sind aber nicht befeuert. Von Nachtfahrten sollte daher besser abgesehen werden, zumal zusätzlich die Gefahr besteht, sich in einem der Fischernetze zu verfangen.

Durch kurze Schläge zum nächsten Hafen und sehr gute Versorgungs- und Einkaufsmöglichkeiten bleibt viel Zeit für Erkundungen der alten und jüngeren Hafenstädte.

## Zahlungsmittel / Kosten

Gezahlt wird innerhalb der Eurozone in Euro, mit britischen Pfund in Großbritannien, mit Kronen in Norwegen wie auch in Dänemark (Stand 2003). Innerhalb der EU sind Lebensmittel sehr günstig, die Liegegebühren in den Nordseehäfen ebenfalls. Großbritannien ist durch den ungünstigen Wechselkurs zur Zeit fast doppelt so teuer wie der Kontinent, und die skandinavischen Länder haben bekanntermaßen astronomische Verbrauchsgüterpreise. In Norwegen fallen praktisch keine Liegegebühren an, weil man meistens in Naturhäfen festmacht oder ankert.

## *Exotische Nah- und Fernziele*

Warum nicht auch einmal etwas anderes probieren? Wenn schon ein paar Seebeine gewachsen sind, entsteht bei manchem der Wunsch, neue Küsten zu entdecken. Im Folgenden sollen – ohne Anspruch auf Vollständigkeit – einige Gebiete genannt werden, die als lohnende Ziele für einen Chartertörn etwas abseits der gängigen Charterrouten in Frage kommen könnten.

Wer z. B. den Atlantik mit seiner langgezogenen Dünung kennen lernen möchte, muss nicht gleich auf Überfahrt gehen. Viel interessanter und schöner sind die Küsten und außerdem gut zu erreichen. Charterangebote für die Atlantikküste und den Ärmelkanal gibt es für die Südwestküste Irlands, die Südküste Englands, die Bretagne (Frankreich), Galicien, südspanische Atlantikküste und Kanarische Inseln (Spanien) sowie Algarve (Portugal) und Kapverdische Inseln. Im Allgemeinen bestehen während der als Segelsaison angegebenen Zeiten sehr günstige Segelbedingungen, und die seglerischen Anforderungen, Erfahrung und Sicherheit in der Tidennavigation vorausgesetzt, sind durchaus zu bewältigen.

Die meisten dieser Gebiete fallen in die Kategorie »anspruchsvolles Segeln«. Einige gelten aber sogar als geeignet für Einsteiger, wie die Südwestküste Irlands, bzw. für Einsteiger und Familiencrews, wie die Südküste Portugals.

Die »grüne« Insel – also *Irland* – ist im Sommer viel sonniger, als gemeinhin angenommen wird. Auf Regenschauer muss man jedoch auch vorbereitet sein. Während der Segelsaison herrschen überwiegend moderate Wind- und Seegangsverhältnisse. Der Küstenabschnitt zwischen Dingle und Cork bietet zahlreiche moderne Marinas, Fischerhäfen und traumhafte, gut geschützte Ankerbuchten, die alle tidenunabhängig angelaufen werden können. Hier zu segeln ist einfacher als in der Nordsee. Die imposanten Steilküsten und vorgelagerten Felsen (der bekannteste ist wohl Fastnet Rock) und Inseln dienen einer Vielzahl verschiedener Wasservögel als Quartier. Einen schönen Kontrast zur eher rauen Küstenlinie bilden die ländlich-idyllischen Landschaften mit kleinen gemütlichen Dörfern und ihren Pubs, wo sich irische Lebensart am besten kennen lernen lässt.

Die Südküste der *Algarve* ist mit fast subtropischem Klima ein Ganzjahresrevier. Die Landschaft sieht in weiten Teilen dem Wattenmeer sehr ähnlich, nur im westlichen Abschnitt befindet sich eine Felsküste. Lagunen zum Ankern, Stadthäfen und moderne Marinas ermöglichen kurze Distanzen. Lange Sandstrände, von Land aus nicht zugänglich, stehen den Yachturlaubern exklusiv zur Verfügung.

Wer gerne an der landschaftlich und kulturell interessanten *englischen Südküste* segeln möchte, sich dies aber nicht zutraut, sollte ruhig in Erwägung ziehen, im »Mutterland des Yachtsports« noch einmal einen Ausbildungstörn mitzusegeln – die englische Ausbildung ist erstklassig und wahrscheinlich die beste der Welt.

Bei der Planung eines Törns über die *Kanarischen Inseln* empfiehlt es sich, den Starttermin der ARC (Atlantic Rally for Cruisers = organisierte Atlantiküberquerung) zu berücksichtigen. Hunderte von Yachten, die an diesem großen Gemeinschaftsereignis teilnehmen wollen, sammeln sich vor der Abfahrt und alle Häfen sind überfüllt.

Wen es in die Ferne zieht, wird beim Durchblättern der Charterkataloge auf ein Traumrevier nach dem anderen stoßen: Kanada, USA, Mexiko, Australien, Neuseeland, Thailand, Tahiti (Französisch-Polynesien), Tonga, Malaysia und Seychellen gehören bereits zum gängigen Standardangebot. Ohne sämtliche Spezial- oder Extremgebiete auch noch aufzählen zu wollen: Jeder kann sein Traumrevier finden. Gesegelt wird heute fast überall, wo es Wasser gibt. Dank günstiger Flugverbindungen und Charterbasen in aller Welt eröffnen sich Charterskippern viele Reviere, die bislang eher den Fahrtenseglern vorbehalten waren. Nur: Die Kataloginformationen reichen nicht aus, sind unvollständig. Ziehen Sie unbedingt weitere Informationsquellen zur Entscheidungsfindung heran, damit Sie ein vollständiges Bild davon erhalten, was Sie wirklich erwartet.

Das Seglertraumrevier Nummer eins ist die *Südsee*, gemeint sind damit verschiedene Inselgruppen im Pazifik. Zahlreiche namhafte Weltumsegler fanden und finden hier ihr »Paradies«. *Tahiti* (Französisch-Polynesien), auch Gesellschaftsinseln genannt, und das Königreich *Tonga*, die Freundschafts- oder Freundlichen Inseln kommen für Charterer in Frage, weil die Distanzen zwischen den einzelnen Inseln dieser Gruppen auch in 2 bis 3 Wochen zu bewältigen sind. Meist liegen die Inseln in Sichtweite voneinander. Von schützenden Riffen umgebene, tropisch bewachsene Inseln mit Bergsilhouette, türkisblaues Wasser, Lagunen, Korallen, bunte Fische, Palmen, weiße Strände und freundliche Menschen erwarten hier den Segler. Aber nicht nur den Segler, sondern auch die Gäste von den Kreuzfahrtschiffen und aus den Flugzeugen, für die Hotels und Restaurants bereitstehen.

Wem die Vorstellung eines modernen Paradieses mit Autoverkehr Schwierigkeiten bereitet, ist auf der Hauptinsel Tahiti am falschen Platze. Und wer meint, dass es sich um weiße Sandstrände handelt (einige Hotels haben für ihre Gäste Sand aufgeschüttet), irrt – die weißen Strände bestehen, so berichten Segler, die dort gewesen sind, aus kleingemahlenen Korallen, die so scharfkantig sind, dass man nicht barfuß laufen kann.

Trotzdem sind Segler immer wieder begeistert, obwohl auch der seglerische Anspruch nicht gerade gering ist. Insbesondere die Strömung um die Korallenringe und in den Durchlässen zu den Lagunen hat schon manchen Seglertraum abrupt beendet. Um keinen falschen Eindruck zu erwecken: Von Massentourismus kann in den Südseerevieren keine Rede sein, denn die wenigsten können es sich leisten, ihre Südseeträume in die Realität umzusetzen.

Auf den *Seychellen im Indischen Ozean* erwartet den Segler ein weiteres »Paradies« mit kristallklarem Wasser, Korallenriffen, reicher Unterwasserwelt, schneeweißen Stränden, Regenwäldern, Palmenhainen und freundlichen Inselbewohnern. Ein Ganzjahresrevier zum entspannten Segeln unter tropischer Sonne – einfach ideal, oder etwa nicht? Vielleicht ist das *Ihr* Traumrevier …

## Routenplanung

Das Revier steht fest, nun geht es in die Einzelheiten der Routenplanung. Dabei sollte man nicht nur eigene Ideen einbeziehen, sondern sich auch vom revierkundigen Vercharterer vor Verlassen des Ausgangshafens beraten lassen.

### Ein Drittel für die Hinreise, zwei Drittel für die Rückreise

Zunächst zur Zeiteinteilung. Terminsegeln ist eine der Ursachen von Havarien auf See. Zeitnot zwingt die Crew zum Auslaufen aus dem sicheren Hafen bei Wetterverhältnissen, die normalerweise einen Hafentag erforderlich gemacht hätten. Um dies zu vermeiden, muss die Zeit richtig eingeteilt werden: im Allgemeinen ein Drittel für die Hinreise und zwei Drittel für die Rückreise. Dann bleibt genügend Reserve für den Fall, dass Reparaturen, Sturm oder eine reizvolle Ortschaft einen länger festhalten.

Außerdem ist zu berücksichtigen, dass man auf dem Hinweg bei gutem Wind zwar hervorragend vorankommen kann, möglicherweise aber zurück gegenan kreuzen muss, was viel mehr Zeit in Anspruch nimmt. Erfahrene Segler segeln daher vorzugsweise den Hinweg gegen die vorherrschende Windrichtung in ihrem Segelgebiet, um beim Rückweg auf der sicheren Seite zu sein. Es ist besser, man erreicht zwei Tage zu früh den Heimathafen, als einen Tag zu spät. Dann kann man immer noch in der Nähe den Rest des Urlaubs in Ruhe genießen.

### Die Berechnung des Umkehrpunktes

Bei der Berechnung des am weitesten entfernt liegenden Punktes der Reise, sozusagen des Umkehrpunktes, muss das ungefähre Etmal zu Grunde gelegt werden. Dies wiederum hängt von den Törnvorstellungen der Crew ab. Eine sportliche, segelbegeisterte Crew kann mit einem Etmal (ohne Nachtfahrt) von etwa 40 sm bei einer durchschnittlichen Fahrt von 4 kn rechnen. Für den gemütlichen Törn, beispielsweise mit Kindern, sind 15 bis 20 sm pro Tag gerade genug, um neben dem Segeln Landgänge und Badepausen zu machen.

### Oneway-Törns und Rund-Törns

Berechnen Sie vor der Buchung Ihres Törns die durchschnittliche Tagesleistung Ihrer Crew, um zu prüfen, ob die Gesamtstrecke geeignet ist, ohne unter Zeitdruck zu geraten. Planen Sie die Tagesetappen so, dass Sie etwa die Hälfte des Weges im ersten Drittel der Zeit zurückgelegt haben. Auch einen Rundtörn sollten Sie, sofern die Gegebenheiten des Segelgebietes es zulassen, gegen die vorherrschende Windrichtung Ihres Fahrtgebietes beginnen, damit Sie sich bezüglich Ihrer Tagesdistanzen im letzten Drittel der Zeit nicht verschätzen.

## Der erste Hafen

Wenn Sie nun Ihre ungefähre Tagesdistanz am Kartenrand abgreifen und vom Starthafen aus abstecken, sehen Sie auf der Karte, welcher Hafen sich für den ersten Abend anbietet. Dann schlagen Sie den maritimen Reiseführer oder Törnführer auf und informieren sich über die Gegebenheiten des Hafens: Liegt er geschützt oder unruhig, ist er meist überfüllt? Gegebenenfalls muss ein Ausweichhafen oder eine Ankerbucht gesucht werden. Wenn nicht unbedingt nötig, sollte man sich nie auf einen Hafen allein fixieren.

## Törnverlauf

Unabhängig von der für die Berechnung des Umkehrpunktes wichtigen durchschnittlichen Tagesleistung sollte ein Törn möglichst nicht mit einer sehr langen Tagesetappe begonnen werden. Für die meisten Hobbysegler ist es wesentlich angenehmer, sich allmählich ans Bordleben zu gewöhnen; dies gilt umso mehr, wenn Segelanfänger und Segler mit Anfälligkeit für Seekrankheit an Bord sind. Genehmigen Sie sich und Ihrer Crew ein oder zwei Ruhetage während des Törns, und planen Sie diese fest mit ein, z. B. in besonders reizvollen und sehenswerten Häfen. Damit beugen Sie dem »Bordkoller« vor, und Ihre Crew erhält Gelegenheit, sich auch einmal zwanglos auseinander zu dividieren und eigener Wege zu ziehen.

## Informationen über das Wetter

Routenplanung ist sinnvoll und für die Zeiteinteilung auch unverzichtbar, doch sollte man prinzipiell hinsichtlich Kurs und Meilenzahl flexibel bleiben. Es gilt Wind und Strom bestmöglich auszunutzen, statt mit Gewalt gegenan zu kreuzen, nur weil man sich auf einen bestimmten Ort festgelegt hat. Vergessen Sie nicht, dass durch Aufkreuzen kaum mehr als eine Seemeile pro Stunde in direkter Richtung herausgeholt werden kann.

Auch eine Änderung der Wetterlage muss in die Routenplanung mit einbezogen werden, denn es wäre leichtsinnig, in Richtung einer bereits angekündigten Schlechtwetterfront aufzubrechen. Deshalb ist eine ständige, genaue Wetterbeobachtung nötig. Es ist immer gut, wenn die Crew sich schon vorher eine Ersatzroute überlegt, die sich zum Ausweichen eignet und auch von allen akzeptiert wird.

Wie überhaupt Informationen über die durchschnittliche Wettersituation eines Charterreviers in die allgemeine Routenplanung mit einfließen sollten. So könnten beispielsweise im Bereich der Ostsee wegen der vorwiegend westlichen Winde Schläge über größere Distanzen eher in Nord-Süd-Richtung als in Ost-West-Richtung geplant werden.

**Tageseinteilung**

Ein Wort noch zur Tageseinteilung. Der Norden hat den großen Vorteil gegenüber dem Süden, dass die Nächte in den Sommermonaten kürzer sind. Egal, ob man früh aufbricht oder spät ankommt: Wer noch keine Erfahrung im Nachtsegeln hat, muss nicht befürchten, allzu leicht in die Dunkelheit zu geraten. Mitte September ist mit dem Einbruch der Dunkelheit schon um etwa 18 Uhr zu rechnen. Sind große Tagesdistanzen vorgesehen, empfiehlt es sich, früh aufzustehen und dafür etwas eher die Koje aufzusuchen. Wer gerne nachts segelt, muss bedenken, dass die Befeuerung, besonders auch die Kenntlichmachung von Untiefen, im Süden (Mittelmeer) bisweilen zu wünschen übrig lässt. Im Norden (Ostsee, Nordsee) ist die Befeuerung ausgezeichnet. Wer hier einen langen Schlag mit Nachtfahrt machen möchte, sollte so fahren, dass der Zielhafen in der Morgendämmerung erreicht wird: Dann sind die Feuer während der Ansteuerung und Einfahrt noch an, was die Sache sehr erleichtert, und zum Anlegen hat man schon Tageslicht.

Ein weiteres entscheidendes Argument für das rechtzeitige Einlaufen in den Hafen kommt hinzu: Besonders in der Hauptsaison sind im Süden wie auch im Norden die Häfen schnell überfüllt. Wer nicht bis zum Nachmittag einen Platz gefunden hat, muss sich darauf gefasst machen, die Nacht auf See oder in einer Ankerbucht zu verbringen. Im Süden muss man neben der Hauptreisezeit der Deutschen auch die Ferienzeit der Italiener und Franzosen kennen und, wenn möglich, meiden.

**Ankerbucht oder Hafen?**

Ob die Nächte im Hafen oder in Ankerbuchten verbracht werden sollen, ist eine grundsätzliche Frage, die am besten mit der Crew schon bei der Reiseplanung besprochen wird.

Wenn man mit genügend Proviant und einigen Kerzen (Windlichtern) versorgt ist, garantiert eine idyllische Ankerbucht oft romantische Abende. Das trifft natürlich nur für die Crew zu, die Ruhe auch wirklich genießen kann. Denn wer das lärmende Treiben der Hafenstädtchen herbeisehnt und sowieso seit Stunden wartet, endlich der Enge des Bootes entgehen zu können, wird daran keinen Gefallen finden. Solche Abwechslungen können nur schön sein, wenn die Vorstellungen der Crew diesbezüglich einheitlich sind.

Neben den Häfen bieten sich vor allem Marinas für die Nacht an. Hier sind die Liegegebühren zwar meist höher, doch werden dafür Duschen, WC sowie Wasser- und Stromanschlüsse geboten. Die Meinungen über Marinas gehen weit auseinander. Während die einen sie für ausgesprochen unpersönlich halten, wollen andere auch im Urlaub auf gewissen »Luxus« nicht verzichten. Vielleicht ist es recht praktisch, eine Marina dann aufzusuchen, wenn man mal gründlich duschen und Wasser bunkern will.

Besonders während der Saison haben vor allem kleinere Inseln den Vorteil, dass sie nicht von Touristen überlaufen sind. Mit den Versorgungsmöglichkeiten dagegen sieht es oft schlechter aus. Wenn Wasser und Diesel gebunkert werden müssen, kann es notwendig sein, einen größeren Hafen am Festland anzulaufen. Wo was im Einzelnen erhältlich ist, wird meist auch in den maritimen Reiseführern erwähnt.

**Bemerkungen zur Navigation**

Manche Küsten verleiten den Segler dazu, auf exaktes Navigieren zu verzichten und stattdessen Inseln zu zählen oder sich grob an Landmarken zu orientieren. Das ist sehr riskant, da vorgelagerte Riffe zum gefährlichen Hindernis werden können. Besonders für den Neuling in einem Revier muss es selbstverständlich sein, möglichst genau zu navigieren. Vor allem muss in ununterbrochener Folge navigiert werden, um nicht bei plötzlicher Sichtverschlechterung die Orientierung zu verlieren.

# 4. »Von Schiffen und Menschen«

## Die Bootswahl

Auf dem Chartermarkt wird eine große Anzahl verschiedener Yachten und Hausboote angeboten. Damit steht der Charterer vor einem Dilemma: Einerseits hat er die »freie Auswahl«, andererseits die »Qual der Wahl«. In jedem Fall sollte man sich die Entscheidung für ein bestimmtes Boot nicht leicht machen, da das Gelingen eines Chartertörns ganz wesentlich davon abhängt, ob das ausgewählte Boot für die Bedingungen, die Revier und Jahreszeit stellen, geeignet ist und ob es den Ansprüchen der Crew hinsichtlich Komfort, Lebensraum, Segelvermögen bzw. Motorisierung entspricht.

Keinesfalls darf die Höhe des Mietpreises das einzige Kriterium sein bei der Frage: Welches Boot nehmen wir? Denn falsch verstandene Sparsamkeit kann sich gerade beim Charterurlaub verhängnisvoll auswirken. Es mag wohl 9-m-Boote mit neun Schlafplätzen geben. Für eine Neun-Personen-Crew würde sich diese Lösung unter rein finanziellen Aspekten sicher als sehr interessant erweisen, doch unter allen anderen denkbaren Gesichtspunkten bestimmt als »Urlaub in der Sardinenbüchse« gestalten.

Als Charterer sollte man sich ein möglichst genaues Bild von den Booten machen, die man in Betracht zieht. Viele Vercharterer schicken auf Wunsch nähere Unterlagen zu. Einige Firmen, meist Vermittlungsagenturen, sehen sich jedoch außerstande, über die in ihrem Angebotskatalog gemachten Informationen hinausgehende Angaben zu machen. Und diese Informationen beschränken sich manchmal auf den Bootsnamen, die Länge sowie die Anzahl der Kojen.

## Wie man sich Informationen beschafft

Erhält man von seinem Vercharterer nur unzureichende Informationen über das Schiff, für das man sich interessiert, so sollte man sich selbstständig Material besorgen.

- Hilfreich ist dabei der jährlich erscheinende »Bootsmarkt« (www.delius-klasing.de). »Europas größter Wassersport-Katalog« enthält für fast alle europäischen Segel- und Motoryachten eine farbige Abbildung sowie umfangreiche Angaben (z.B. Länge, Breite, Gewicht, Ballast, Tiefgang, Segelfläche, Kojen, Motor, Antrieb, Treibstoff, Treibstoff-, Frischwasser-, Abwassertank, Material, Konstrukteur, Preis, gegebenenfalls Hinweise auf Testberichte in »Yacht« oder »boote«). Zusätzlich ist der Werftname angegeben. Im Adressenteil findet man die Anschriften des Herstellers, Importeurs oder Händlers. Von diesen kann man dann detailliertes Informations- und Prospektmaterial anfordern, um sich genauer zu informieren und die Boote besser vergleichen zu können.

- Im Schick-Verlag sind die beiden Kataloge »Boote« für Motor- und Segelyachten unter bzw. über 10 m Länge erschienen (www.schick-verlag.com). Jedes darin enthaltene Boot wird mit Fotos, Grundrissen, Preisen, Werftangabe und technischen Daten vorgestellt.

- Das »BooteJahrbuch« (Waterbeek Verlag) enthält ebenfalls für sehr viele Motor- und Segelboote umfangreiche Angaben bzw. Testberichte (www.bootejahrbuch.de).

- Eine weitere Informationsquelle sind Testberichte. Ständig werden von den Fachzeitschriften Boote auf Merkmale wie Fahreigenschaften, Wohnkomfort, Ausrüstung und Verarbeitungsqualität untersucht. Interessiert man sich für ein bestimmtes Schiff, sollte man sich bei der Redaktion z.B. von »Yacht« oder »boote« erkundigen, ob ein Testbericht vorliegt (s. Kapitel 11 unter »Internet«).

## Bootstyp

Zuerst muss die Entscheidung getroffen werden, ob ein Segel- oder ein Hausboot gechartert werden soll. Sie ist meist schon durch die Wahl des Reviers getroffen: Wollen Sie »in See stechen« oder ein Binnenrevier befahren?

### Segelyachten
Hat man sich auf eine Segelyacht festgelegt, muss man sich, abhängig von der Crewzusammenstellung bzw. dem gewählten Revier, gegebenenfalls noch entscheiden zwischen einem Einrumpfboot mit oder ohne Mittelcockpit bzw. einem Katamaran.

### Mittelcockpit
Bei Einrumpfbooten werden immer häufiger Versionen mit Mittelcockpit angeboten. Es teilt den Wohnraum unter Deck in eine Achter- und eine Vorderkajüte. Diese Trennung weist Vorteile auf, wenn man z. B. mit Fremden oder älteren Kindern unterwegs ist, die so über ihr eigenes Reich verfügen. Optimal sind getrennte Niedergänge für jede Kajüte und zusätzlich ein Verbindungsgang vom Salon zum Achterschiff.

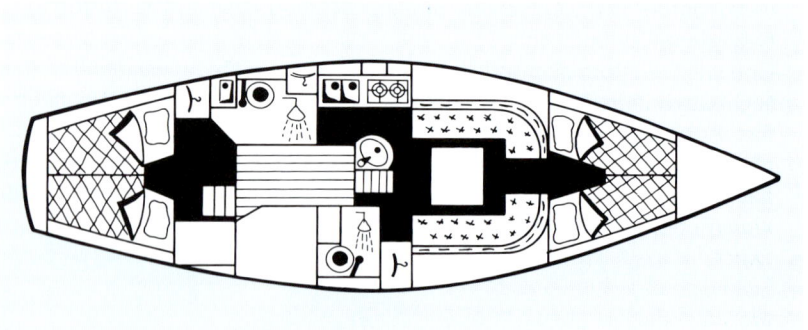

*Yacht mit Mittelcockpit und Achterkajüte.*

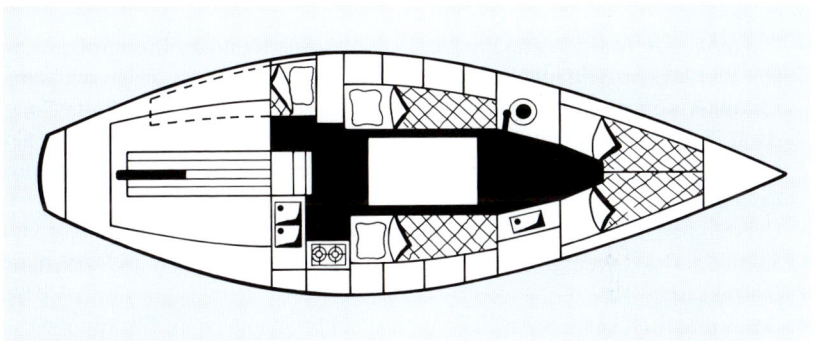

*Das Achtercockpit, wie es auf den meisten Segelyachten üblich ist.*

Gerade Kinder und Segelnovizen fühlen sich in einem Mittelcockpit geborgener. Auch sind in diesem Bereich die Schiffsbewegungen durch Wellen weniger heftig als an den Schiffsenden, so dass der Aufenthalt für die Crew bei hartem Wetter angenehmer ist als in einem Achtercockpit.

**Katamarane**
Seit einigen Jahren nimmt das Angebot bzw. die Nachfrage an Katamaranen in der Charterszene immer mehr zu. In einigen Regionen, insbesondere in der Karibik, aber auch im Mittelmeer, haben sich die Katamarane als feste Größe etabliert. Bei der Entscheidung für oder gegen einen Katamaran müssen folgende Eigenschaften bedacht werden:

*Nachteile*
- Kaum Liegeplätze für Katamarane, daher meist in Revieren gesegelt, in denen viel geankert wird.
- Durch hohen Aufbau und geringe Lateralfläche sehr seitenwindempfindlich.
- Höhe laufen auf Am-Wind-Kurs: Bei Tourenkats oft nicht mehr als 50 Grad am Wind möglich. Deswegen beide Maschinen langsam zur Unterstützung mitlaufen lassen.

*Vorteile*

- Platzangebot: Meist relativ großzügig bemessene Kammern mit großen Kojen, ausreichend Schrankplatz und genügend Stauraum. Nasszellen mit komfortablen Abmessungen. Salon fast immer so groß, dass die komplette Crew darin Platz hat. Im Cockpit mehr Platz, als die komplette Crew benötigt. Ein Katamaran bietet im Vergleich zum Einrumpfboot wesentlich mehr Platz pro Koje und Person.
- Vollständige Separierung der einzelnen Kammern voneinander.
- Salon überträgt weniger Schall in die Kammern, weil er oben im Deckshaus platziert ist.
- Da es praktisch keine Schräglage gibt, sind alle Sitzplätze im Cockpit gleichwertig nutzbar.
- Geringerer Tiefgang als bei Einrumpfbooten. Deshalb für das Befahren flacherer Gewässer geeignet.

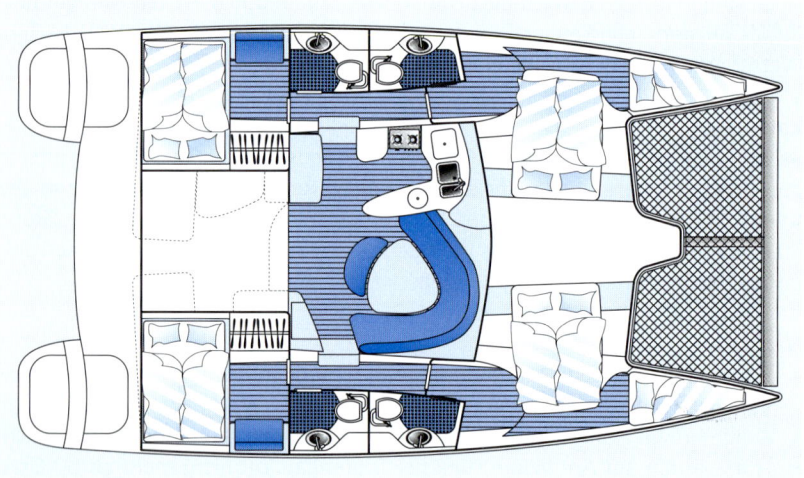

*42-Fuß-Katamaran: vier großzügig bemessene Kammern mit großen Kojen und genügend Schrankplatz und weiterem Stauraum. Jede Kabine mit eigenem WC und Waschbecken. Ideal für acht Personen.*

- Die große Decksfläche und das Trampolin bieten sich an als Ruhezonen, in die sich Mitsegler bei weniger Wind, im Hafen oder am Ankerplatz zurückziehen können.
- Mit zwei Maschinen ausgestattet, lässt sich ein Katamaran auf engem Raum drehen und dirigieren.
- Deutlich besseres Verhalten vor Anker (wie ein Floß).
- Salon mit Panoramablick.
- Entspanntes Segeln ohne Krängung.

Segler, die noch nie auf einem Tourenkat gesegelt sind, haben oftmals Angst vor den »großen Schiffen« bzw. dem ungewohnten Längen-Breiten-Verhältnis. Nach den ersten Stunden praktischer Segelerfahrung und einigen Hafenmanövern schlägt in den meisten Fällen die anfängliche Skepsis in Begeisterung für das entspannte Segeln und komfortable Wohnen auf dem Mehrrumpfboot um.

**Hausboote**
Hausboote kann man anhand der Position des Ruderstands unterscheiden:

- Offener Ruderstand achtern
- Ruderstand im Mittelcockpit (offen oder gegebenenfalls zu öffnen)
- Mittelcockpit mit geschlossenem Steuerstand; zusätzlich zweiter Ruderstand (offen, »Flybridge«) auf dem Dach des Ruderhauses oder der Achterkajüte
- Geschlossener Ruderstand vorne in der Kajüte

Jeder Typ verfügt über gewisse Vor- und Nachteile. Die Auswahl erfolgt daher oft nach subjektiven Kriterien (»sieht sportlich / gemütlich / schiffig aus«).

## Bootsgröße und Raumaufteilung

Die Entscheidung für eine bestimmte Schiffsgröße ist ein wichtiger Punkt, der von folgenden Faktoren abhängt:

### Budget
Wie viel Geld bleibt von der Urlaubskasse übrig, wenn ich vom Ausgangsstand die Kosten für An- und Abreise, Lebensunterhalt (z. B. Lebensmittel und Getränke, Restaurantbesuche), Hafengebühren, Verbrauchsgüter (z. B. Schiffsdiesel) abziehe? Nach diesem Kassensturz steht man oft vor der Entscheidung: ein kleineres, d. h. günstigeres Boot oder doch das größere Modell und dafür ein kürzerer Charterurlaub?

### Personenzahl und Platzbedarf
Im Prinzip sollte man die Bootsgröße so auswählen, dass durch eine ausreichende Anzahl von Kojen an Bord die Benutzung der Schlafplätze in der Messe nicht nötig ist. Da die meisten Kabinen über zwei Kojen verfügen, haben dann immer zwei Crewmitglieder zusammen ein eigenes, abgeschlossenes »Reich«. Damit hat jeder an Bord eine psychologisch wichtige Rückzugsmöglichkeit.
Abends kann sich dann jeder nach eigenem Belieben in die Koje legen und muss nicht warten, bis der Salon vom letzten Zecher befreit ist. Morgens wird niemand durch Frühaufsteher gestört, die im Salon Kaffeetrinken wollen.

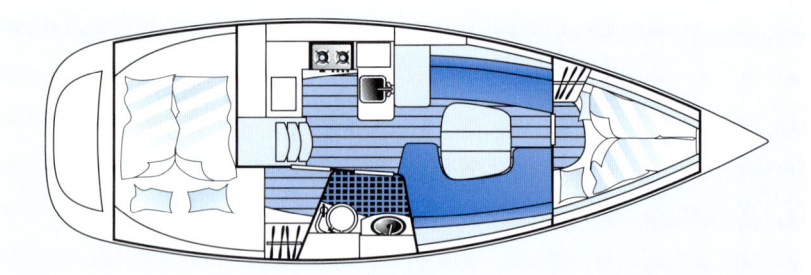

*33-Fuß-Yacht: zwei Kabinen mit je zwei Schlafplätzen. Ideal für eine kleine Familie.*

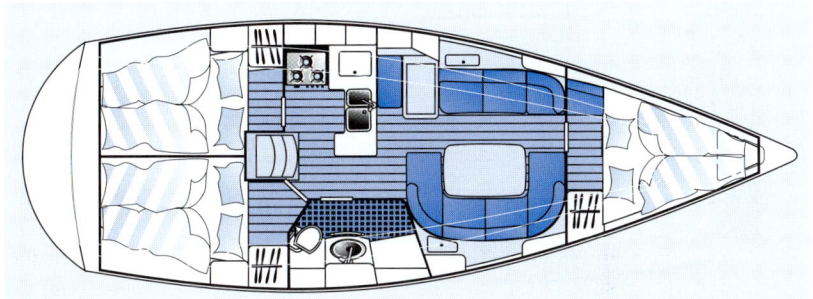

*36-Fuß-Yacht: drei Kabinen mit je zwei Schlafplätzen. Angenehme Belegung aber nur bei maximal fünf Personen.*

Angenehme Nebeneffekte: Jedes Crewmitglied hat ausreichend Platz am Salontisch und im Cockpit. Außerdem steht mehr Stauraum zur Verfügung. Sind nämlich sämtliche Kojen belegt, werden die Stauprobleme meist so gelöst, dass Seesäcke, Taschen, Kleidungs- und Ausrüstungsstücke auf dem Fußboden und auf den Sitzgelegenheiten gestaut werden. Dadurch werden dann die Durchgänge und Sitzgelegenheiten blockiert. Nur wenige Mitsegler werden die erforderlichen Hindernisläufe zur Toilette oder zur eigenen Koje als sportliche Herausforderung empfinden. Der Großteil der Crew wird sich unter solchen beengten Platzverhältnissen unwohl fühlen, was dann zwangsläufig zu einer Verschlechterung der Stimmung an Bord führt.

### Erfahrung von Skipper und Crew

Das Schiff darf natürlich nur so groß sein, dass Skipper und Crew damit noch gut zurecht kommen, so z. B. bei Manövern in engen Häfen. Eine noch unerfahrene Chartercrew sollte sich im Bereich bis 10 m Länge umsehen und bei einem Schiff in dieser Größenordnung mit einer Crew von vier Personen an Bord gehen. Bei den meisten Yachten bis 33 Fuß sind dann alle Kojen außer den Schlafgelegenheiten im Salon belegt.

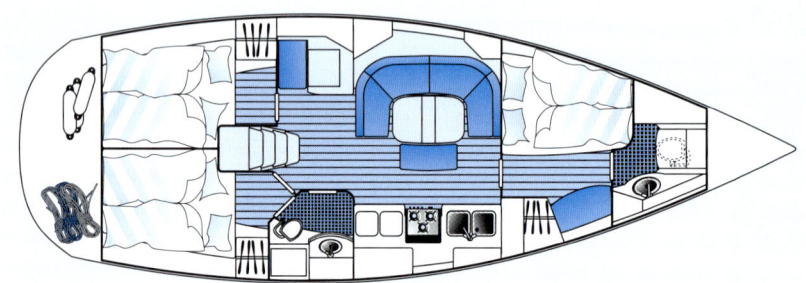

*39-Fuß-Yacht: drei Kabinen mit je zwei Schlafplätzen. Gut geeignet für sechs Personen.*

**Revier und Jahreszeit**

Wird in einem südlichen Revier bzw. in einer wärmeren Jahreszeit gesegelt, muss man davon ausgehen, dass sich das Bordleben zumeist an Deck abspielt. Dann spielt die Raumgröße unter Deck nicht so eine große Rolle wie beim Segeln in nördlichen Revieren bzw. zu Jahreszeiten, in denen es früh dunkel wird und das Wetter häufig nass und kalt ist. Bei solchen Bedingungen hält sich die Crew wesentlich häufiger unter Deck auf. In diesem Fall sollte das Platzangebot so groß sein, dass z. B. am Salontisch beim Essen keine drangvolle Enge herrscht, sondern jedes Crewmitglied bequem Platz findet und nicht »auf Kante« sitzen muss.

**Stehhöhe**

Ein weiterer wichtiger Aspekt bei der Wahl der Schiffsgröße ist die Stehhöhe unter Deck. Erst bei Yachten ab ca. 38 Fuß Länge können auch größere Mitsegler unter Deck aufrecht gehen.

**Toilette**

Angenehm ist es, wenn jeweils für vier Crewmitglieder eine Toilette zur Verfügung steht. Wichtig ist die Größe: Insbesondere große Mitsegler werden es zu schätzen wissen, wenn sie bei Benutzung des Bord-WCs nicht mit Rücken und Knien zwischen Klodeckel und WC-Tür eingeklemmt werden.

## Ausrüstung und Zubehör

Für die Wahl der Ausrüstung und des Zubehörs des Charterbootes sollten das Revier, die Größe und Kenntnisse sowie das Komfortbedürfnis der Crew zugrunde gelegt werden.
Die Sicherheitsausrüstung sollte den »Sicherheitsrichtlinien« der Kreuzer-Abteilung des Deutschen Segler-Verbandes entsprechen (s. Kap. 11 unter »Verbände und Vereine«).

### Besegelung
Ein komplettes Rollrigg bietet der Crew nicht nur Komfort, sondern ist insbesondere für eine noch relativ unerfahrene Besatzung ein nicht zu unterschätzender Sicherheitsfaktor.

### Motorisierung
Vier bis fünf PS pro Tonne Schiffsgewicht sollte der Bootsmotor mindestens haben.

### Bugstrahlruder
Wer die Möglichkeit hat, ein Boot mit Bugstrahlruder zu chartern, wird diesen Luxus insbesondere in engen Häfen nie mehr missen wollen.

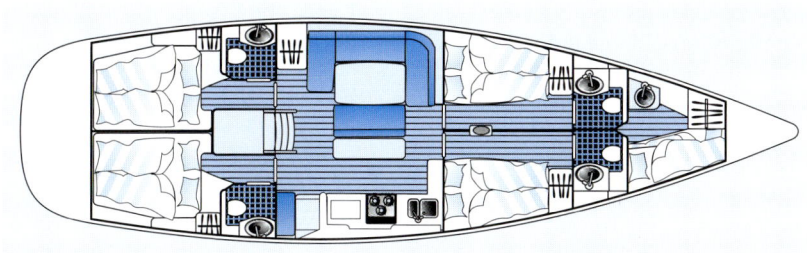

*50-Fuß-Yacht: fünf Kabinen mit je zwei Schlafplätzen. Gut geeignet für acht Personen. Jede Kabine mit eigenem Waschbecken, vier Kabinen mit eigenem WC.*

**Elektrische Winschen**
Elektrische Winschen erleichtern insbesondere bei Yachten ab 40 Fuß die Arbeit, sind aber auch unfallträchtig, wenn man nicht aufpasst.

**Navigation und Elektronik**
Hierbei gilt: Wer Spaß an der Arbeit am Kartentisch sowie im Umgang mit technischen Geräten (»toys for boys«) hat und bereit ist, sich in die Bedienung der Geräte mittels Studium der Bedienungsanleitungen einzuarbeiten, der sollte sich für ein Boot mit GPS, Navtex und Radar entscheiden.

**Beiboot**
In Revieren, in denen man öfter ankern oder mit Kindern kleine Erkundungsfahrten machen möchte, sollte man ein Beiboot als Charterextra wählen. Will man das Beiboot regelmäßig und zu größeren Touren benutzen, sollte man einen Außenbordmotor dazu wählen.

**Sonnensegel**
Bei Flaute und stechender Sonne ist ein aufgespanntes Sonnensegel ein willkommener Schattenspender an Bord.

**Cockpittisch**
Bei Törns in südlichen Gebieten bzw. zu warmen Jahreszeiten, in denen an Deck gegessen wird, sollte sich ein Cockpittisch an Bord befinden, damit das Cockpit nicht zu einer provisorischen Essgelegenheit verkommt, sondern ein ähnlicher Komfort herrscht wie unter Deck.

# 5. »Trau, schau, wem …«

## Die Wahl des Vercharterers

*Vorbemerkung zum Nachdenken: Über Vercharterer und Charterer*

In den folgenden Bemerkungen finden sich einige plakative Beispiele, die sich in der geschilderten Form als Einzelfälle ereignet haben. Sie dürfen aber keinesfalls verallgemeinert werden. Sie wurden ausgewählt, um pointiert einige prinzipiell mögliche Probleme in der Beziehung zwischen Vercharterer und Charterer besser beleuchten zu können.

### Unseriöse Vercharterer

Vor einigen Jahren hatte die Charterbranche nicht immer den allerbesten Ruf. Grund dafür waren die unseriösen Praktiken und die unsauberen Machenschaften einzelner Vercharterer, die den Ruf der gesamten Branche in Mitleidenschaft gezogen haben. In der expandierenden Branche erweckten manche Charterfirmen den Eindruck, den Kunden ausschließlich als schier unerschöpfliche Einnahmequelle und nicht als Vertragspartner, dem man eine faire Leistung schuldet, zu sehen.

Schiffe wurden, trotz hoher Chartergebühren, teilweise gerade nur soweit instand gehalten, dass Ärger bei der Übergabe weitgehend vermieden werden konnte. Mithilfe einbehaltener Kautionen, ausgezahlter Versicherungsleistungen für getürkte Beschädigungen am Schiff und anderen dubiosen Praktiken versuchten manche Vercharterer, sich mit ihren unseriösen Geschäften über Wasser zu halten.

Schließlich bedarf es zur Gründung einer Charterfirma keiner besonderen Ausbildung. Es reicht primär der Wunsch, viel Geld zu verdienen. Dann müssen nur noch einige Schiffseigner aufgetrieben werden, die ihr Boot vermieten wollen (Charterkaufmodelle locken zum Steuern sparen), und Anzeigen geschaltet werden. Eine besondere Sach- oder Fachkompetenz sowie ein seriöses Geschäftsgebaren benötigt man erst, wenn man langfristig auf dem Chartermarkt, der durch ein Überangebot gekennzeichnet ist und bei dem das »Geld nicht auf der Straße liegt«, bestehen will.

Mit Schauergeschichten über betrügerische Vercharterer (Schiff nicht da, vom Vercharterer fehlt jede Spur, Chartergebühr und Kaution unterschlagen) bzw. Charterschiffe in desolatem Zustand (»Masse statt Klasse«) könnte man ganze Bücher füllen: Notpinnen, die nicht auf den Ruderschaft passen, Rettungsinseln oder Rettungswesten, die trotz Angabe im Prospekt oder in der Inventarliste fehlen, defekte Kompasse, die mit dem Hinweis, man könne doch nach Landsicht navigieren, nicht ersetzt werden, Motoren, die bei dem Umschalten in den Rückwärtsgang absterben, etc.

Es gibt nicht wenige Charterer, die einen Törn nach dem Motto »Pleiten, Pech und Pannen« erlebt haben. Zustände, die in hartem Kontrast zu den vielversprechenden Angaben und schönen Bildern in bunten Hochglanzprospekten stehen!

**Mitschuld des Charterers**

Oft ist der Charterkunde nicht ganz unschuldig, wenn er die Charterfirma nur nach dem Aspekt »Wer hat das billigste Boot« aussucht bzw. wie auf einem Basar um den Preis feilscht (»Katalogpreis interessiert mich nicht. 25 Prozent müssen mindestens drin sein«) und gleichzeitig erwartet, dass der preisgünstigste Vercharterer ein Top-Niveau bietet. »Wenig Geld, viel Leistung«, das kann nicht immer gut gehen!

Wer dann auch noch nach dem Motto »Nur schnell rauf aufs Schiff und gleich los« keine Zeit für eine sorgfältige Übernahmekontrolle opfern will, muss sich nicht wundern, wenn er viele Dinge wie defekte Positionslichter oder Kompassbeleuchtungen, fehlende Fender, nicht ausreichend vorhandenes Geschirr und Besteck, verstopftes WC, lose Wanten oder Risse in den Segeln erst während des Törns bemerkt.

**Berechtigte Klagen über Charterer**

Viele berechtigte Klagen gibt es auch über die Charterkunden. Allzu oft fehlt die Bereitschaft, Dinge, die einem nicht selbst gehören, zu schonen und pfleglich zu behandeln. Dabei ist die Crew während des Törns allein verantwortlich für das gecharterte Boot und seine Werterhaltung. Man sollte auch bedenken, dass der nachfolgende Charterer mit dem Zustand des Schiffes vorlieb nehmen muss, in dem man es ihm hinterlässt. Jeder legt schließlich zu Recht viel Wert darauf, ein Schiff in tadellosem Zustand vom Vorcharterer zu übernehmen. Deshalb hat jeder auch die Pflicht, es genau in diesem Zustand dem Nachcharterer zu übergeben.

Mit Zahnpasta verdeckte oder unter Fendern versteckte Kratzer in der Bordwand, Kronenkorken oder Zigarettenkippen unter den Kajütpolstern, mit Kugelschreiber beschriftete oder gar verschmierte Seekarten und fehlende Schraubenschlüssel sind noch harmlos. So ist es schon vorgekommen, dass Chartergäste nach Übergabe des Schiffes unter dem Vorwand, sie hätten noch etwas vergessen, an Bord gekommen sind und beim »Nachschauen« den Handpeilkompass oder Ähnliches mitgehen ließen.

Nicht selten sind Sprüche bzw. Gedanken wie »... der Chef einer Firma mit zehn Charterbooten – so ein reicher Kerl, der hat's ja ... da kann ihn der Verlust von einem Handpeilkompass ja gar nicht treffen, der ist ja eh versichert« oder »... die Chartergebühren sind ja der reinste Wucher, da holen wir uns einfach einen Teil wieder zurück ... der Vercharterer bereichert sich ja auch schon so genug an uns«.

Ob den Charterern klar gewesen ist, dass sie nicht unbedingt den Vercharterer, sondern den Folgebenutzer bestohlen haben, der ja eventuell für den Schaden aufkommen muss, wenn er nicht nachweisen kann, dass das Gerät von Anfang an fehlte? Unabhängig davon, ob der Vercharterer oder der nachfolgende Charterer den Schaden ersetzen muss, handelt es sich in jedem Fall nicht um ein Kavaliersdelikt (»Mitnahme eines Souvenirs als Urlaubserinnerungsstück«), sondern um Diebstahl bzw. eine eindeutig kriminelle Handlung!

Nicht von ungefähr sehen ein oder zwei Jahre alte Charteryachten manchmal so aus, als hätten sie eine Weltumsegelung hinter sich oder wären von einer Horde Wilder gesegelt worden. Neben dem Respekt vor fremdem Eigentum ist absolute Ehrlichkeit bei etwaigen Vorkommnissen ein Kriterium fairen Verhaltens des Charterers gegenüber dem Vercharterer sowie dem Nachfolger auf dem Boot – auch wenn es zu Lasten der hinterlegten Kaution geht! Eine nicht gemeldete Grundberührung oder andere, größere Defekte können die nachfolgende Crew unnötigen Gefahren aussetzen.

Es gibt auch Charterer, die so frech sind und versuchen, rückwirkend die Törngebühren durch unberechtigte Ansprüche wieder »einzuspielen«. Beispiel: Ein Segler, der im August ein Boot in der Adria gechartert hatte, genierte sich nicht, eine Schadensersatzforderung in Höhe von 500 € an den Vercharterer zu richten. Begründung: Defekte Heizung!

**Die Beziehung zwischen Vercharterer und Charterer heute**
Eine Zeit lang kam die Charterbranche aufgrund unseriöser Anbieter in den Verdacht, nur aus kriminellen Halsabschneidern zu bestehen, die den Urlauber rücksichtslos ausnehmen und sich an ihm gesundstoßen. Ein heute unbegründetes Vorurteil. Wie überall gibt es auch im Chartergeschäft schwarze Schafe. Doch bei der überwiegenden Mehrheit der Vercharterer handelt es sich um seriöse Unternehmen. Die große Konkurrenz auf dem Markt führt dazu, dass meist nur gut organisierte Firmen oder Privatleute mit Yachten in gutem Zustand überleben. Sie bemühen sich, dem Kunden einen ungetrübten Charterurlaub zu ermöglichen und Sorge für ein reelles Preis-Leistungs-Verhältnis zu tragen. Nur ein zufriedener Kunde wird die Charterfirma weiterempfehlen und sich ernsthaft mit dem Gedanken tragen, im nächsten Jahr wieder bei derselben Firma zu chartern.

Schließlich gibt es typische Mängel, die bei keiner noch so gepflegten Yacht auszuschließen sind. Dazu gehören ein zeitweiliger Ausfall des Logs, Defekte an der Elektrik wie z. B. Ausfall von Positionslaternen oder Bruch von Segellatten. Jeder erfahrene Segler weiß, dass manche Schäden am Schiff auch bei einer noch so gründlichen Wartung nie ganz zu vermeiden sind, und ist meist imstande, sie mit Bordmitteln selbst zu beheben.

Es muss auch darauf hingewiesen werden, dass Charterer oft bereit sind, wegen unterschiedlichster Schäden eine Unterbrechung des Törns hinzunehmen, wenn die Charterbasis fix reagiert und schnellstmöglich Abhilfe schafft.

Die oben genannten Beispiele verdeutlichen, dass weder Charterer noch Vercharterer Pauschalurteile über den jeweils anderen fällen sollten. Für eine Yacht und ihren Zustand sind immer zwei Parteien zuständig: der Charterer, der das Boot segelt, und der Vercharterer, dem die Aufgabe zukommt, das Boot instand zu halten.

## Kriterien und Informationsquellen zur Auswahl des Vercharterers

Nachdem man sich überlegt hat, in welchem Revier der Törn stattfinden soll, ob man selbst ein Boot chartern, einen Skipper anheuern oder lieber in einer Flottille mitsegeln möchte, und man außerdem weiß, wer mitkommen soll, welches Boot und welche Ausrüstung dafür in Frage kommen, beginnt ein schwieriges Kapitel, nämlich die Suche nach einem geeigneten Vercharterer.

### Wo findet man Angebote und Adressen?

- Zeitschriften: In den diversen Fachzeitschriften, wie z. B. »Yacht« oder »boote«, findet sich meist ein umfangreicher Anzeigenteil mit Charterangeboten.
- Internet (s. Kap. 11, »Internet«)
- Die Periodika »Yacht charter« sowie »Bootsmarkt« (Delius Klasing) listen eine große Anzahl von Vercharterern auf.
- Die *Vereinigung Deutscher Yacht-Charterunternehmen* (VDC) sowie der *Arbeitskreis Charterboot* (AKC) teilen auf Anfrage die Namen und Anschriften ihrer Mitglieder mit (s. Kap. 11, »Verbände und Vereine«).
- Der *Allgemeine Deutsche Automobil-Club e. V.* (ADAC) gibt Verzeichnisse mit Charterfirmen heraus (s. Kap. 11, »Verbände und Vereine«).
- Zahlreiche Vercharterer sind auf den bedeutenden Bootsausstellungen (s. Kap. 11, »Internet«) vertreten. Dort kann man sich persönlich beraten lassen. Hat man Glück, ist auch der ins Auge gefasste Schiffstyp ausgestellt. Dann kann man gleich die Raumaufteilung unter realen Bedingungen testen und z. B. die Kojen probeliegen.
- Häufig gelangt man durch Empfehlung an einen guten, seriösen Vercharterer. Fragen Sie deshalb z. B. in ihrem Segelclub oder seglerischen Bekanntenkreis nach.

### Tipps und Hinweise zur Auswahl des Vercharterers

- Je früher man sich entschließt, Angebote einzuholen, desto größer ist die Chance, unter verschiedenen Offerten wählen zu können.
- Wollen oder müssen Sie in der Hauptferienzeit buchen, so empfiehlt es sich,

sich rechtzeitig um eine Charter zu kümmern. Denn interessante Yachten werden oft schon ein Jahr im Voraus gebucht.

- Segeln Sie jedoch außerhalb der Ferien oder Hauptsaison, so steht Ihnen eine große Auswahl an Charterbooten zur Verfügung. Hinzu kommt, dass die Gebühren um 15 % und mehr reduziert sind, je nach Revier und Jahreszeit. Dafür muss man jedoch zu besonders früher oder später Jahreszeit, in der der größte Rabatt gewährt wird, damit rechnen, dass das Wetter schlechter und unfreundlicher wird.

- Eine qualitativ gute Beratung durch den Vercharterer kann überzeugender sein als 5 % Messerabatt.

- In Gebieten, in denen es mehrere Firmen mit großen Charterflotten gibt, wird durch den Konkurrenzkampf das Preisniveau zumindest nicht über dem Durchschnitt liegen.

- Entschließt man sich kurzfristig zu einem Törn auf einer Yacht, die im gewünschten Zeitraum noch nicht gebucht ist, so kann man, gerade bei großen Vercharterern, eventuell einen günstigeren Preis aushandeln.

- Bei einem Preisvergleich sollte man nicht vergessen, die Nebenkosten und Extras mit einzubeziehen. Hierbei sind oft erstaunliche Unterschiede festzustellen. Man sollte jedoch den Vercharterer nicht allein an den Gebühren messen. Das preisgünstigste Schiff mit der üppigsten Zusatzausrüstung garantiert noch lange keinen schönen oder erholsamen Urlaub. Neuestes Material zum absoluten Spottpreis, d.h. Top-Yachten als Schnäppchen, ob da alles mit rechten Dingen zugeht? Diese Frage kann nur der richtig beantworten, der weiß, welcher enorme Aufwand für Pflege, Wartung und Reparaturen von Charteryachten erforderlich ist.

- Ursache dafür sind kostenintensive Faktoren wie fachkompetentes Wartungspersonal, Lagerhaltung von Ersatzteilen sowie der Unterhalt eines Charterbüros (Miete, Internetpräsenz, Mitarbeiter etc.).

- Hat man sich die Adressen von verschiedenen Vercharterern beschafft, so sollte man bei der Angebotseinholung auch um die Zusendung einer möglichst genauen Bootsbeschreibung mit Einrichtungsplan sowie Ausrüstungs- und Inventarverzeichnis und der Chartervertragsbedingungen bitten. Sind Punkte unklar oder strittig, so sollte man auf einer schriftlichen Klärung und eindeutigen Beantwortung der offenen Sachverhalte bestehen.

- Es empfiehlt sich, beim Vergleich der einzelnen Vercharterer und ihrer Leistungen die Richtlinien der *Vereinigung Deutscher Yacht-Charterunternehmen* (s. Kap. 11, »Verbände und Vereine«) und einen Musterchar     tervertrag (s. Kap. 6, »Mustervertrag«) heranzuziehen und die Angebote Punkt für Punkt durchzugehen.

- Wichtig ist, dass für das Boot eine behördliche Genehmigung zur Vercharterung besteht. In diesem Zusammenhang ist besondere Vorsicht bei Privatpersonen angebracht, die ihr Boot im Ausland verchartern (s. Kap. 11, »Charterländer«).

- Ein Problem besteht auch darin, dass viele Vercharterer eigentlich »nur« Agenturen, d. h. reine Vermittler sind, die Yachten der verschiedensten kleinen und großen Partnerfirmen in ihren Katalogen anbieten. Damit sind sie in großem Maß auf die Leistung ihrer meist ausländischen Vertragspartner angewiesen. Vercharterer mit eigenen Schiffen und Stützpunkten mit eigenem Personal, das ganzjährig beschäftigt ist, können ihre Vorstellungen bezüglich Wartung, Übergabe etc. leichter verwirklichen. Diese »Kontrollmöglichkeit« fehlt den Agenturen meistens.

- Große Charterflotten haben manchmal den Nachteil, dass die einzelnen Boote nicht so sorgfältig gepflegt sind. Vercharterer, die nur ein oder zwei Boote zu vermieten haben, halten ihre Yachten oft so gut in Schuss, als ob sie sie nur privat nutzen würden. Der Nachteil kleinerer Charterunternehmen ist jedoch, dass sie meist keinen Ersatz bieten können, wenn das Schiff einmal ausfällt, etwa durch eine länger dauernde Motorreparatur.

- Die Zeit und Sorgfalt, mit der ein Vercharterer ausgewählt wird, sind immer lohnende Investitionen, da sie eine wichtige Voraussetzung für das Gelingen eines Törns sind. Je gründlicher man bei der Auswahl vorgeht, desto geringer ist später das Risiko, sich Ärger, Zeit- oder Geldverlust einzuhandeln.

- Chartern Sie nur Yachten von Vercharterern, über die Sie zuverlässige Informationen in Erfahrung bringen konnten. Entscheiden Sie sich nach Möglichkeit für einen Vercharterer mit bekanntem Namen, der schon eine gewisse »Tradition« hat.

**Ansprüche an den Vercharterer**

Ein seriöser Vercharterer sollte folgenden Ansprüchen genügen:

- Hauptberufliche Tätigkeit in eigenen Büro- und Geschäftsräumen
- Bereitstellung von aussagekräftigem Katalog- und Informationsmaterial
- Kompetente und kundenorientierte Beratung des Charterkunden (Aufzeigen verschiedener Törn-Alternativen bzw. Unterbreiten individueller Reisevorschläge, Informationen zu preisgünstigen Alternativen wie z. B. Last-minute-Angeboten, Hinweise zur Absicherung von Kundengeldern etc.)
- Sachkundige Beantwortung von Fragen zu Schiffen, Revier und Versicherungen auch bei unverbindlichen Anfragen potenzieller Kunden
- Das Boot sollte in der Werbebroschüre so abgebildet sein, wie es der Wirklichkeit weitgehend entspricht. Wer ein Schiff chartert, das auf Hochglanzpapier fabrikneu abgebildet ist, der wird zu Recht erbost sein, wenn er vor Ort ein 15 Jahre altes, völlig durchgesegeltes Boot vorfindet.
- Der Chartervertrag sollte klar und unmissverständlich die berechtigten Interessen und Pflichten von Vercharterer und Charterer regeln.
- Die Chartergebühren sind aufzuschlüsseln nach Grundgebühr, Kosten für Zusatzausrüstung, Kaution etc.
- An der Charterbasis sollte genügend Personal vorhanden sein, um einen guten Service leisten und alle Fragen des Charterers beantworten zu können.
- Die Übergabe der Yacht sollte ohne Zeitdruck und mit einer gründlichen Einweisung der Crew vonstatten gehen.
- Die Charteryachten müssen den jeweiligen Sicherheitsbestimmungen genügen und sollten regelmäßig daraufhin kontrolliert werden.
- Die Ausrüstung sollte in fehlerfreiem Zustand sein und den »Sicherheitsrichtlinien« der Kreuzer-Abteilung des Deutschen Segler-Verbandes genügen.
- Jeder seriöse Vercharterer wird auf Wunsch auch gerne Referenzen nennen.

Die meisten Charterfirmen sind heute mit eigenen Seiten im World Wide Web (www) vertreten. Ein *Internetauftritt* überzeugt, wenn nicht nur Schiffsdaten und Preise aufgelistet werden, sondern wenn folgende Punkte erfüllt sind: Aktualität der Inhalte, zusätzlich zu den minimal erforderlichen Informationen (Preise, Chartervertrag etc.) Angaben zu Segelrevieren und gesetzlichen Bestimmungen, Törnvorschläge etc., Schiffsrisse und Fotos von der Innenausstattung der Yacht, Online-Buchungsmöglichkeit.

# 6. »Vertrauen ist gut, Vertrag und Versicherung sind besser!«

## Charterformalitäten

### Zum Chartervertrag

- »Yachtcharter ist keine Wohltätigkeitsveranstaltung, sondern ein knallhartes Geschäft!« lautet die Äußerung eines Insiders. Kein Wunder, schließlich geht es ja um die Miete eines Gegenstandes mit einem Wert von oft weit mehr als 100 000 €. Dass der hohe Wert der Charteryacht Auswirkungen auf den Chartervertrag hat, ist daher nicht verwunderlich. Schließlich gilt es auch, eine ganze Menge Risiken zu verteilen.

- Der Chartervertrag dient der Regelung von Rechten und Pflichten des Charterers und des Vercharterers. In ihm sind die (hoffentlich berechtigten?) Ansprüche beider Parteien festgehalten. Sobald der Vertrag von den beteiligten Seiten unterschrieben ist, gilt er als ordnungsgemäß zustande gekommen. Damit stellt er die verbindliche Rechtsgrundlage der Beziehungen zwischen Charterer und Vercharterer dar. Mündliche Absprachen sind nichtig, wenn sie nicht durch Zeugenaussagen bewiesen werden können bzw. von vornherein durch das »Kleingedruckte« im Vertrag ausgeschlossen sind.

- Im Interesse beider Parteien muss der Vertrag alle relevanten Fakten und potenziellen Risiken beinhalten, die für die Charter von Bedeutung sein können. Außerdem muss er so formuliert sein, dass keine mehrdeutigen Auslegungen möglich sind.

- Gewerbliche Vercharterer verwenden praktisch immer firmeneigene Verträge. Dieser besteht aus einem Individualteil, in dem die entsprechenden Daten eingetragen werden (Name des Charterers, Yachttyp, Charterzeitraum, Chartergebühr etc.) sowie den meist umfangreichen Vertragsbedingungen. Mit dem so genannten Kleingedruckten setzt sich praktisch kein Charterer gerne auseinander. Viel angenehmer ist es, von Wind und Wellen zu träumen! Trotzdem ist es unumgänglich, sich zu überwinden bzw. sich die Mühe zu machen, auch das Kleingedruckte im Vertrag genau durchzulesen und sich nicht vom trockenen und unverständlichen »Juristendeutsch« abschrecken zu lassen. Es gilt das, was man unterschreibt! Daher sollte man bei Punkten, die einem unklar oder unverständlich erscheinen, genau nachhaken und nicht eher nachgeben, bis man eine erschöpfende Antwort erhalten hat!

- Bei der Entscheidungsfindung sollten neben dem Preis, dem Alter, der Ausstattung der Charteryacht unbedingt auch die Vertragsbedingungen der einzelnen Firmen miteinander verglichen bzw. berücksichtigt werden. Die Verträge unterscheiden sich oft in vielen Punkten voneinander.

- Der Teufel steckt meist im Detail! Wie sind die Risiken verteilt? Gehen sie immer zu Lasten des Charterers, d. h., hat der Vercharterer nur Rechte und der Charterer nur Pflichten? Ist womöglich eine Haftung über die Kaution hinaus vorgesehen, z. B. bei möglichem Charterausfall?
Dieser spezielle Fall wäre nicht nur nach Meinung der Autoren ein Grund, bei diesem Vercharterer unter dieser Bedingung kein Boot zu chartern, sofern der Vercharterer nicht bereit ist, den Passus zu streichen und den möglichen Charterausfall als unternehmerisches Risiko zu tragen, anstatt ihn auf den Charterer abzuwälzen! Daher: Der preisgünstigste Vercharterer muss nicht gleichzeitig der Anbieter mit den fairsten Vertragsbedingungen sein!

- Bevor man sich definitiv für eine Vertragsunterzeichnung entscheidet, sollte man verschiedene »worst case«-Situationen durchspielen. Was sieht das Kleingedruckte z. B. vor, wenn das Boot aufgrund eines technischen Defekts nicht zum festgelegten Zeitpunkt im vereinbarten Ausgangshafen zur Verfügung steht? Muss ich eventuell das Boot in einem weit entfernten Hafen übernehmen, wird mir gegebenenfalls nur ein kleineres Boot mit weitaus geringerer Ausstattung als Ersatz gestellt, muss ich, solange kein Boot zur Verfügung steht, mehrere Tage warten, bis ich ein Rücktrittsrecht habe? Die anteilige Rückzahlung der Charterrate ist immer vorgesehen, aber wie sieht es aus mit Mehrkosten, die für unfreiwillige Hotelaufenthalte oder den Transport zum neuen Übergabehafen entstehen?
Diese Fragen sollte man abklären, bevor man sich endgültig für einen Anbieter entscheidet, da sie enorme finanzielle Konsequenzen haben können.

**Punkte, die vertraglich geregelt sein sollten**
- Name oder Typ der Yacht und Identitätsmaße
- Übernahme und Rückgabe (Tag, Stunde und Ort)
- Chartergebühr und Zeitpunkt ihrer Fälligkeit. Angaben, was die Chartergebühr umfasst (z. B. Nutzung der Yacht samt Zubehör, natürlichen Verschleiß, Prämien der Versicherung, Betreuung am ständigen Liegeplatz der Yacht, Gebühren und Steuern, soweit sie am ständigen Liegeplatz der Yacht anfallen)
- Kautionshöhe und Rückzahlung
- Selbstbeteiligung im Kaskoschadensfall
- Regelung bei verspäteter Übernahme (durch Eigenverschulden, Fremdverschulden oder höhere Gewalt)
- Versicherungsarten und Deckungssummen
- Verhalten im Schadensfall
- Rücktrittsmöglichkeit
- Regelung der Berechnung von Betriebsstoffen und Verbrauchsmaterial
- Zeitpunkt des Erhalts der vollständigen Inventarliste, falls diese nicht bereits Vertragsbestandteil ist
- Haftung
- Gerichtsstand und das dem Vertrag zugrunde liegende Landesrecht

Zum Vertrag sollte auch eine komplette Inventar- und Ausrüstungsliste des Schiffes gehören.

**Praktische Tipps im Zusammenhang mit dem Chartervertrag**

Neben der gründlichen Durchsicht des Chartervertrags kann der Charterer noch weitere Vorsichtsmaßnahmen treffen, um sich vor unliebsamen Überraschungen zu schützen.
- In manchen Ländern ist ein gesetzlich vorgeschriebener, einheitlicher Chartervertrag zu verwenden (so z. B. zur Zeit in Griechenland). Will man in einem solchen Revier chartern, so muss man sich vergewissern, ob es sich bei dem vorliegenden Vertrag um den offiziellen Vordruck handelt. Nähere Informationen erhält man z. B. bei der Kreuzer-Abteilung (s. Kap. 11, »Verbände und Vereine«).
- Anzahlung und Kaution durch selbstschuldnerische Bankbürgschaft (»Eventualkredit«) schützen. Diese wird quartalsweise abgerechnet und sichert die

bereits entrichteten Beträge gegen eine mögliche Zahlungsunfähigkeit des Vercharterers oder Vermittlers ab. Die Bankgebühren (Mindestgebühr ca. 8 €) betragen ca. 1 %, wenn der Bank vom Vercharterer eine Sicherheit gestellt wird, und ca. 2 %, wenn dies nicht der Fall ist. Dazu kommt eine einmalige Bearbeitungsgebühr von ca. 40 €. Will der Charterer seine Anzahlung in Höhe von 1000 € für die Dauer von einem Vierteljahr mittels Bankbürgschaft absichern, entstehen ihm Kosten zwischen 50 (10 + 40) bzw. 60 (20 + 40) €. Wie bei der Insolvenzversicherung (»Sicherungsschein«) wird bei einer Bankbürgschaft nur dann der abgesicherte Betrag erstattet, wenn eine offiziell festgestellte Zahlungsunfähigkeit, d. h. Insolvenz des Vercharterers vorliegt. Es erfolgt keine Zahlung bei sonstigen Ansprüchen des Charterers z. B. auf Leistungsminderung.

- Um einen Versicherungsausschluss zu vermeiden, kann man vom Vercharterer fordern, dass er sich sowohl vom Haftpflicht- als auch vom Kaskoversicherer der Charteryacht schriftlich bestätigen lässt,
  - wie hoch die jeweilige Versicherungssumme und die Eigenbeteiligung sind,
  - dass für die Yacht Versicherungsschutz für das gewünschte Revier und den Zeitraum des Törns besteht
  - und dass die Qualifikation des Charterers (Sportbootführerschein See, Segelscheine, Meilennachweis o.ä.) als ausreichend erachtet wird,
  - welche Risiken (z. B. Bergung) von der Versicherung nicht gedeckt werden. Für Kosten, die in diesem Zusammenhang entstehen, müsste dann der Charterer gerade stehen!

- In den meisten Fällen erhält der Charterer die Bürgschaftserklärung und die Versicherungsbestätigung erst nach Vertragsabschluss. Deshalb sollte sich der Charterer schriftlich ein unbeschränktes Rücktrittsrecht bis zum positiven Bescheid bezüglich dieser Unterlagen vorbehalten.

- Als Charterer kann man mit unterschiedlichen Anbietern zu tun haben, deren jeweiliger juristischer Status erhebliche Konsequenzen haben kann:
  - Beim *Vermieter* handelt es sich um ein Unternehmen, das Yachten ohne jegliche Zusatzleistung (z. B. Skipper oder Crew) vermietet (reine Überlassung des Bootes). In Konfliktfällen kommt das Mietrecht zur Anwendung. Dort sind nur Zahlungen aufgrund von Minderung bzw. Schadensersatz, nicht jedoch Entschädigungen aufgrund entgangener Urlaubsfreuden

vorgesehen. Anmerkung: Erbringt der Vermieter auch die Endreinigung, handelt es sich nicht um eine Reiseleistung, sondern um eine unselbstständige Nebenleistung!

– Der *Vermittler* (Agentur) bringt das Vertragsverhältnis zwischen Vermieter und Mieter (Charterer) zustande. Nur wenn auf die ausschließliche Vermittlerrolle nicht ausdrücklich im Vertrag (Geschäftsbesorgungsvertrag) hingewiesen wurde, können Forderungen bezüglich Minderung oder Schadenersatz an den Vermittler gerichtet werden. Hinweis: Ein Vermittler kann außerhalb des geschlossenen Vertrags jederzeit auch als Veranstalter auftreten und entsprechend mit dem Veranstalterstatus werben (z. B. »In unseren Preisen sind folgende Leistungen kostenlos für Sie enthalten: … Vermögensschadens-Haftpflichtversicherung für Reiseveranstalter mit einer Deckungssumme von 100 000 €«)! Für den Charterer entscheidend ist jedoch immer die im jeweiligen Vertrag lautende Formulierung!

– *Veranstalter* treten im Chartergewerbe äußerst selten auf. Sie bieten verschiedene Reiseleistungen als Gesamtheit zu einem »Paketpreis« an. So z. B. einzelne Kojen inklusive Flug und Rahmenprogramm anlässlich einer Regatta. Veranstalterleistungen unterliegen dem *Reiserecht*, das im Gegensatz zum *Mietrecht* Schadenersatz für entgangene Urlaubsfreuden vorsieht.

• Mietet der Charterer das Boot nicht direkt beim Eigner, sondern über eine Agentur, so muss aus dem Vertrag eindeutig hervorgehen, wer der Vertragspartner des Charterers ist. Dies ist entweder die Agentur, die dann auch für die volle Erfüllung des Chartervertrages haftet, andererseits auch allein die Ansprüche aus dem Chartervertrag hat, oder aber in den meisten Fällen ein Dritter, für den die Agentur nur »im Namen und für Rechnung« auftritt. Dieser Dritte muss dann eindeutig mit Firma, Anschrift und Telefonnummer bekannt werden, damit der Charterer weiß, an wen er sich im Konfliktfall zu wenden hat, da in den Vertragsbedingungen das Risiko der Durchsetzung von Regressansprüchen ausdrücklich dem Verhältnis zwischen dem Charterer und dem ausländischen Vertragspartner zugeordnet bzw. der Vermittler davon freigehalten ist. Außerdem muss schriftlich fixiert sein, dass der Vermittler für das einheimische Unternehmen den Vertrag unterzeichnen darf.

• Wollen Sie gegen Ihren Vertragspartner z. B. wegen erheblicher Mängel, die vor Ort schon gerügt sein müssen und deren Abhilfe verlangt sein muss, Ansprüche geltend machen, so muss dies nach deutschem Reisevertragsrecht innerhalb von vier Wochen nach dem vertraglich vereinbarten Charterende geschehen. Werden die Ersatzansprüche abgelehnt, so muss spätestens sechs Monate später Klage eingereicht werden, damit die Ansprüche nicht verjähren. Meistens wird der Chartervertrag jedoch auf Grund des Mietrechts abgeschlossen. Dort gibt es keine festgelegte Form der Mängelrüge.

## Mustervertrag

Der folgende Vertragstext ist ein Beispiel für eine ausgewogene, faire Regelung zwischen Vercharterer und Charterer. Die einzelnen Punkte der Vertragsbedingungen werden in Kursivschrift näher erläutert.

---

### CHARTERVERTRAG

Zwischen
  Firma Sonnenschein-Yachtcharter
  65432 Jachtende
  Zur Steilküste 1
  Tel. (0 12 34) 56 78
– im Folgenden Vercharterer genannt –
und
  Herrn / Frau   _____
  Wohnort, Straße   _____
  Tel.   _____
  als Skipper
sowie
  Herrn/Frau   _____
  _____

– im Folgenden gemeinsam Benutzer genannt –
wird folgender Chartervertrag geschlossen:

---

Die Firma Sonnenschein-Yachtcharter stellt eine Segelyacht vom Typ

_____

einschließlich Zubehör gemäß Übergabeprotokoll bereit für den Zeitraum

vom      _____  _____ Uhr
bis      _____  _____ Uhr

Ort der Bereitstellung und Rückgabe ist _____ .

Nutzungsentgelt für das Schiff      _____ € inkl. MWSt. pro Woche
                                     _____ Wochen = _____ €
Spinnaker _____ € pro Woche      _____ Wochen = _____ €
Sonstiges _____ € pro Woche      _____ Wochen = _____ €

Die Kaution beträgt _____ €

Als Anzahlung sind _____ € zu zahlen.

Die Vertragsbedingungen liegen schriftlich vor und sind auf den nächsten Seiten abgedruckt. Sie sind bindend und unterliegen nicht dem AGB-Gesetz.

_____

Ort und Datum          Skipper          Übrige Benutzer

_____

Ort und Datum          Vercharterer

*Mit seiner Unterschrift bestätigt der Skipper, dass gemäß § 1 (2) des Allgemeinen Geschäftsbedingungen-Gesetzes (AGB-Gesetz) keine Allgemeinen Geschäftsbedingungen vorliegen. Stattdessen gelten die Vertragsbedingungen zwischen den beiden Vertragsparteien als im Einzelnen ausgehandelt.*
*Laut § 4 des AGB-Gesetzes haben individuelle Vertragsabreden Vorrang vor Allgemeinen Geschäftsbedingungen. Dem Vercharterer wird also prinzipiell die Möglichkeit eingeräumt, eigene Vorstellungen in den Vertrag mit einzu-*

*bringen. Mit diesem vorliegenden Vertrag ist die Firma Sonnenschein-Yacht-charter z. B. nicht gezwungen, unpünktliche und säumige Zahler erst noch zu mahnen oder Ihnen Nachfristen zu setzen, wie es im AGB-Gesetz § 11,4 geregelt ist.*

*Auf der anderen Seite kann aber auch der Charterer von der Möglichkeit individueller Vertragsabsprachen Gebrauch machen, was in der Praxis aus Unkenntnis jedoch selten geschieht. So kann es vom Vercharterer durchaus akzeptiert werden, wenn der Charterer den Vertrag (geringfügig) ändert. Die Bereitschaft des Vercharterers, auf Änderungswünsche des Charterers einzugehen, hängt meistens von der Marktsituation ab (»Angebot und Nachfrage«).*

*Beispiele: »Vertragsstrafe: doppelter Tageschartersatz« wird geändert in »Vertragsstrafe: einfacher Tageschartersatz« oder »Bei Schäden größeren Umfangs (Havarie, Manövrierunfähigkeit etc.) ist der Charterer verpflichtet, die Reparatur zu veranlassen und in Vorlage zu treten« wird durch Streichung von »und in Vorlage zu treten« geändert. Manchmal gehen Vercharterer auch kundengünstigere Terminwünsche bezüglich der Zahlung der Chartergebühr ein (z. B. spätere Zahlungstermine oder Staffelung der Überweisung), insbesondere, wenn es sich beim Charterer um einen Stammkunden handelt.*

### Vertragsbedingungen

Für die Zeit der Benutzung des Bootes der Firma Sonnenschein-Yachtcharter durch die Benutzer gelten die folgenden verbindlichen Bedingungen:

#### 1. Erfüllung und Nutzungsdauer

Die Firma Sonnenschein-Yachtcharter erfüllt ihre Verpflichtungen durch Bereitstellung des Bootes. Ist die Bereitstellung an dem vereinbarten Ort nicht möglich, so ist die Firma Sonnenschein-Yachtcharter verpflichtet, Mitteilung zu machen und für eine Bereitstellung in dem nächstmöglichen Hafen zu sorgen. Etwaige Fahrtmehrkosten werden von der Firma Sonnenschein-Yachtcharter getragen. Davon ausgenommen ist die im Abschnitt 6 enthaltene Regelung bei vom Benutzer nicht zu vertretenden besonderen Umständen.

*Kann das Boot also aus Gründen, die nicht der Vorcharterer zu verantworten hat, nicht rechtzeitig im Übergabehafen sein, so muss die Firma Sonnenschein-Yachtcharter den Charterer möglichst rechtzeitig informieren, ihm den nächstmöglichen Übergabehafen nennen sowie die zusätzlich entstandenen Kosten für die Fahrt zum Ersatz-Ausgangshafen erstatten.*

Die Nutzungszeit beginnt am vereinbarten Tag und endet mit der Rückgabe des Bootes in einwandfreiem, gesäubertem Zustand frühestens am vereinbarten Tag.

*Dieser Satz besagt zweierlei: Zum einen muss das Schiff bei Beendigung der Charter im sauberen, aufgeklarten und nach Checkliste gestauten Zustand zurückgegeben werden. Verbrauchtes Material wie Diesel, Wasser und Gas ist auf eigene Kosten aufzufüllen und zu ersetzen.*
*Zum anderen kann man das Boot nicht vor dem vereinbarten Termin zurückgeben, z. B. wegen Wetterverschlechterung oder Dauerregen und vom Vercharterer die Nutzungsgebühr für die nicht gesegelten Tage zurückverlangen. Gibt der Charterer die Yacht vor dem vereinbarten Termin zurück, so muss er die dem Vercharterer dadurch gegebenenfalls entstehenden Kosten für Extraanreise, Liegegebühren etc. erstatten.*

Ist der Firma Sonnenschein-Yachtcharter die termingerechte Bereitstellung nicht möglich, so vermindert sich das Nutzungsentgelt um den Anteil der Verzögerung an dem gesamten Zeitraum der vereinbarten Nutzungsdauer. Bei einer Wartefrist von mehr als 24 Stunden bei einer Vertragsdauer von 1 Woche (48 Stunden bei einer Vertragsdauer von 2 Wochen, 36 Stunden bei einer Vertragsdauer von 3 Wochen und mehr) kann der Benutzer vom Vertrag zurücktreten. Weitergehende Ansprüche oder Ableitung weiterer Rechte sind ausgeschlossen.

*Mit diesem Passus wird dem Charterer die Möglichkeit genommen, sofort vom Vertrag zurückzutreten, falls die Yacht nicht zum vereinbarten Termin zur Ver-*

*fügung steht. Gleichzeitig werden Vercharterer bzw. Vorcharterer davor geschützt, dem Charterer die gesamte Chartergebühr zurückzahlen zu müssen, falls sich die Verspätung innerhalb gewisser Grenzen bewegt,*

*Angenommen, die pünktliche Rückkehr verzögert sich um 47 Stunden, weil ein Mitglied der Vorcrew einen schweren Unfall (z. B. Schädelhirntrauma nach Patenthalse) erlitten hat und dringend ärztliche Hilfe benötigt. Könnte der Nachcharterer bereits nach dieser Wartefrist von seinem 2-Wochen-Vertrag zurücktreten, so müsste die Crew des Verletzten die ausgefallenen Chartergebühren für zwei Wochen ersetzen, was schnell eine Summe über 2000 € ausmachen kann. Ohne den Anschlusspassus müssten außerdem Hotelkosten und gegebenenfalls Urlaubsausfall ersetzt werden. So muss der Charterer seine Unkosten, die ihm innerhalb der Wartefrist entstehen, von den anteilig zurückgezahlten Chartergebühren bestreiten.*

*Manche Vercharterer behalten sich im Vertrag das Recht vor, gegebenenfalls ein »ähnliches« oder »vergleichbares« Ersatzschiff zur Verfügung zu stellen. Handelt es sich dabei um ein »schlechteres« Schiff als das gebuchte, sollte man auf Minderung der Chartergebühr drängen.*

Der Anspruch aus Abschnitt 6 bleibt jedoch unberührt.

*Die Schadenersatzansprüche an den Vorcharterer sind in Punkt 6 geregelt.*

Überschreitet der Benutzer die vereinbarte Nutzungszeit, so erhöht sich das Entgelt entsprechend der Verlängerung.

*Hier zeigt der Vercharterer dem Charterer ein besonderes Entgegenkommen, denn bei manchen Firmen muss der Charterer für jede angefangene, über den gebuchten Charterzeitraum hinausgehende Stunde 3 % der vereinbarten Wochenmiete zahlen.*

**2. Zahlungsweise**

Bei Abschluss des Vertrages sind mindestens _____ € als Anzahlung zu leisten. Der Rest ist zwei Wochen vor Nutzungsbeginn zu entrichten. Die Kaution ist am Übergabeort vor dem Einchecken zu übergeben.

*Meist sind 30 bis 50 % der Chartersumme als Anzahlung bei Vertragsabschluss zu begleichen. In vielen Charterverträgen findet sich die Regelung, dass die volle Chartergebühr bereits vier bis sechs Wochen vor Törnbeginn fällig ist. Manchmal wird die Hinterlegung der Kaution sogar schon einen Monat, bevor die Crew in See sticht, gefordert. Im Prinzip verschafft man damit dem Vercharterer einen zinsfreien Kredit, ohne dass man eine Sicherheit (z. B. Bankbürgschaft) als Gegenleistung erhält.*

*Die Höhe der Kaution sollte sich an der Eigenbeteiligung der Kaskoversicherung bemessen. Darüber hinaus sollte der Charterer keine Haftung übernehmen.*

Kommt der Benutzer seiner Zahlungspflicht nicht pünktlich oder nur unvollständig nach, kann die Firma Sonnenschein-Yachtcharter die Leistung aus dem Vertrag verweigern. Einer Mahnung oder Inverzugsetzung bedarf es nicht.

*Zahlt der Charterer also nicht pünktlich, so kann der Vercharterer, ohne erst noch zu mahnen oder eine Nachfrist zu setzen, das Schiff anderweitig vermieten. In der Praxis wird die Firma Sonnenschein-Yachtcharter jedoch die säumigen Zahler sicher im eigenen Interesse auf die noch ausstehenden Beträge aufmerksam machen.*

Die Kaution wird bei Rückgabe der Yacht in einwandfreiem Zustand zu dem vereinbarten Termin in dem vereinbarten Hafen umgehend zurückerstattet oder, falls ein Schaden aufgetreten ist, innerhalb einer Woche nach Ermittlung der exakten Schadenshöhe abgerechnet.

*Die Rückgabe der Kaution sollte wie in diesem Passus immer ganz detailliert geregelt sein. Andernfalls kann eine Menge Ärger vorprogrammiert sein! Im Prinzip ist der Vercharterer immer zur sofortigen Rückzahlung der Kaution vor Ort verpflichtet, wenn bei der Rückgabe der Yacht keine Mängel gefunden werden. In der täglichen Charterpraxis gibt es jedoch immer wieder unseriöse Vercharterer, die die Kaution mit den obskursten Begründungen zurückbehalten. In solchen Fällen kommt man dann meist nur mit anwaltlicher Hilfe wieder an sein Geld. Als Charterer macht man sich übrigens strafbar, wenn man für die unrechtmäßig nicht zurückerhaltene Kaution Gegenstände von der Yacht als »Pfand« mitnimmt!*

### 3. Rücktritt

Tritt der Benutzer vom Vertrag zurück, so wird er, wenn ein anderer geeigneter Benutzer in seinen Vertrag eintritt, von seinen Verpflichtungen aus dem Vertrag befreit und erhält alle geleisteten Zahlungen voll zurückerstattet. Eine Bearbeitungsgebühr wird nicht erhoben.

*Kann keine Ersatzperson gestellt werden, ist die komplette Chartersumme fällig. Das wird dann teuer! Es gibt aber auch »mildere« Regelungen. So staffeln manche Vercharterer die Höhe der Stornogebühren abhängig davon, wie viele Wochen vor Charterbeginn der Rücktritt erfolgt. Je früher man den Rücktritt mitteilt, desto geringer fällt der finanzielle Schaden aus.*
*Auch bei erfolgreicher anderweitiger Vermittlung wird von vielen Vercharterern noch eine Bearbeitungsgebühr von z. B. 20 % der Chartersumme verlangt. Bei teuren Charterschiffen bzw. hohen Chartergebühren können stattdessen feste Pauschalen für die Bearbeitungsgebühr günstiger sein.*
*Unter Umständen kann der vorherige Abschluss einer Reiserücktrittskostenversicherung sinnvoll sein (s. d.).*

Geben der Benutzer oder seine Begleiter Anlass zum Zweifel an der Befähigung zur ordnungsgemäßen Führung des Bootes und damit an der Sicherheit für die Crew und das Schiff oder seiner Werterhaltung, kommt er seinen Verpflichtungen aus dem Vertrag nicht nach oder verstößt er gegen Bestimmungen und Gesetze des Gastlandes, kann die Firma Sonnenschein-Yachtcharter die weitere Benutzung untersagen.

*Dieser Passus ist eindeutig. Wie sieht es in diesem Fall mit den Finanzen aus? Nur soweit es der Firma Sonnenschein-Yachtcharter möglich ist, eine anderweitige Verwendung vorzunehmen, hat der Benutzer Anspruch auf Erstattung des vereinbarten Entgelts, abzüglich etwaiger Liegekosten und sonstiger entstandener Unkosten.*

**4. Benutzung des Bootes**

Nach erfolgter Übergabe durch die Firma Sonnenschein-Yachtcharter oder ihren Beauftragten kann das Boot im üblichen Rahmen benutzt werden. Die Beschaffung der behördlichen Genehmigung zum Auslaufen oder Befahren der Küstengewässer eines Staates obliegt dem Benutzer.

Mit Ausnahme des Gebietes _____ kann ohne besondere Zustimmung durch die Firma Sonnenschein-Yachtcharter das gesamte Gebiet _____ bis zur Linie _____ befahren werden; darüber hinaus nur mit schriftlicher Zustimmung der Firma Sonnenschein-Yachtcharter. Die gewerbliche Nutzung oder die Nutzung im Zusammenhang mit einer gewerblichen Tätigkeit, die Weitergabe an Dritte sowie die Teilnahme an Regatten, Wettfahrten oder anderen Veranstaltungen ist nicht gestattet. Soll vom Boot aus Tauchsport, Sportfischerei oder dergleichen ausgeübt werden, bedarf es der ausdrücklichen Zustimmung der Firma Sonnenschein-Yachtcharter, ebenso für die Mitnahme von Tieren.

*Das Fahrtgebiet sollte stets genau festgelegt werden, weil der Versicherungsschutz nur innerhalb bestimmter Gebiete gilt (z. B. bei Charter ab einem dänischen Ostseehafen gegebenenfalls nur in der Ostsee, nicht aber in der Nordsee oder im Skagerrak). Der Charterer darf das Boot nicht weiterverchartern, womöglich noch mit Gewinn, oder an Regatten teilnehmen, damit das Boot nicht dem erhöhten Schadensrisiko aufgrund des Regattasegelns ausgesetzt ist. Außerdem erlischt in solchen Fällen der Versicherungsschutz! Will man vom Boot aus angeln oder mit Pressluftflaschen tauchen, so muss man die Charterfirma um Erlaubnis fragen. Sie nennt auch die entsprechend erforderlichen Lizenzen.*

*Wird ein Charterer, ohne eine Genehmigung dazu zu haben, von der Polizei beim Angeln von Bord aus ertappt, so muss er einerseits mit Bestrafung rechnen, andererseits kann dann gegebenenfalls auch das ganze Boot beschlagnahmt werden. Durch diesen Vertragspunkt kann der Vercharterer den jeweiligen Behörden nachweisen, dass ihn keine Schuld trifft, da er den Charterer ausdrücklich darauf hingewiesen hat, dass er sich zum Angeln oder Tauchen eine Genehmigung besorgen muss. Ähnlich wie es an Land Vermieter gibt, die eine Wertminderung ihrer Immobilie durch Tierhaltung befürchten, haben auch viele Vercharterer (berechtigte) Bedenken gegen die Mitnahme einiger Tierarten auf ihrem Charterschiff.*

*Manche Vercharterer verbieten ausdrücklich Nachtfahrten mit ihrer Yacht (vor allem in Gebieten ohne befeuerte Betonnung, z. B. Karibik). Dies stünde dann auch unter dem Punkt »Benutzung des Bootes«.*

## 5. Versicherungen

Das Boot ist zu Lasten der Firma Sonnenschein-Yachtcharter zum Neuwert mit einer Selbstbeteiligung in Höhe von _____ € kaskoversichert. Die Selbstbeteiligung trägt im Schadensfall der Benutzer.

Haftpflichtschäden sind zu Lasten der Firma Sonnenschein-Yachtcharter abgedeckt:

– für Personenschäden bis zu insgesamt _____ €
– für Sachschäden bis zu insgesamt _____ €

Darüber hinaus haftet der Benutzer allein und stellt die Firma Sonnenschein-Yachtcharter ausdrücklich frei.

Die Bedingungen liegen im Boot aus und sind vor Reiseantritt durchzulesen. Versicherungsschutz besteht ausdrücklich nur in dem vereinbarten Fahrtgebiet.

*Die Selbstbeteiligung beträgt in den meisten europäischen Revieren zwischen 500 und 1000 €, je nach Größe der Yacht. In manchen Ländern (z. B. Frankreich oder Karibik) ist sie jedoch erheblich höher (z. T. bis zu 5000 €)!*

*Bei Kaskoschäden haftet der Charterer bis zur Höhe der Selbstbeteiligung. Ist der Schaden größer als die vertraglich vereinbarte Selbstbeteiligung, so muss die Versicherung die Differenz aus Schadenshöhe minus Selbstbeteiligung bezahlen.*

*Die Selbstbeteiligung zwingt den Charterer, die Yacht pfleglich zu behandeln und sorgfältig mit ihr umzugehen. Gäbe es das Prinzip der Selbstbeteiligung nicht, so befänden sich einige Charteryachten schon wenige Monate nach ihrer Indienststellung in miserablem Zustand.*

*Die Haftpflichtschäden sind nur bis zu einer gewissen Höhe gedeckt. Überschreitet der Schaden diese Summe, so ist der Charterer und nicht der Vercharterer für die Begleichung der Restsumme verantwortlich.*

*Haftpflichtschäden der Crew untereinander sind bei manchen Bootseigner-Haftpflichtversicherungen mit abgedeckt.*

## 6. Haftung des Benutzers

Schäden, die von der Versicherung nach deren Bedingungen nicht gedeckt werden, z. B. aufgrund von Vorsatz oder grober Fahrlässigkeit, sowie Schäden, bei denen es sich nicht um normalen Verschleiß handelt, gehen zu Lasten des Benutzers.

*Kein normaler Verschleiß liegt z. B. dann vor, wenn der Motor ausfällt, weil er ohne Öl gefahren wurde. Geht der Impeller der Kühlwasserpumpe kaputt, so handelt es sich um Verschleiß. Bemerkt der Charterer dies jedoch nicht und überhitzt sich deshalb der Motor, so hat der Charterer alle daraus resultierenden Schäden zu verantworten. Ein weiteres Beispiel für ein Verschulden des Charterers sind Kratzer in der Bordwand, auch wenn sie von einem anderen Boot im Hafen verursacht worden sind.*

*Auch bei einer gerissenen Pumpenmembran des Bord-WC liegt kein natürlicher Verschleiß vor, wenn die Seeventile bei Benutzung des WC geschlossen waren.*

*Reißt die Genua I bei sieben Windstärken, so muss dies ebenfalls der Charterer bezahlen, da dieses Segel bekanntermaßen nur für leichtere Windstärken ausgelegt ist.*
*Bleibt das Segel an einem aufgebogenen Splint hängen und wird es dabei beschädigt, so geht dies ebenfalls zu Lasten des Mieters.*
*Wäre der Splint schon bei der Übergabe des Bootes beschädigt gewesen, so hätte der Charterer den Vercharterer darauf hinweisen und auf Ausbesserung drängen müssen. Geht der Splint jedoch erst während der Fahrt auf, so ist der Benutzer, der das Boot augenscheinlich in sicherem Zustand übernommen hat, dafür haftbar.*

Verstöße gegen Verordnungen und Gesetze hat der Benutzer allein zu verantworten. Soweit der Firma Sonnenschein-Yachtcharter daraus Schaden entsteht, kann sie den Benutzer dafür haftbar machen.

*Segelt der Charterer ohne die erforderliche Genehmigung in den Küstengewässern des Gastlandes oder wird er beim Schmuggeln ertappt, so ist er allein dafür verantwortlich. Beschlagnahmt die Polizei das Schiff, weil der Charterer ohne Erlaubnis mit Pressluftflasche und Harpune tauchte, so muss der Benutzer die daraus entstehenden Kosten tragen.*

Ebenso haftet der Benutzer für Schäden oder Kosten, die der Firma Sonnenschein-Yachtcharter oder Dritten, z. B. Crews späterer Törns, durch Nichteinhaltung des Vertrags entstehen.
Insbesondere haftet der Benutzer gegenüber der Firma Sonnenschein-Yachtcharter und Dritten für Schäden, die durch verspätete Bereitstellung des Bootes entstehen, sofern die Verspätung von ihm zu verantworten ist, z. B. wegen unterlassener sofortiger Anzeige gemäß Abschnitt 9.

*Verstößt der Charterer gegen irgendeinen Punkt des Vertrages, so wird er in jedem Fall dafür haftbar gemacht. Verschweigt er beispielsweise Defekte an Boot oder Motor oder eine Grundberührung, so kann er, auch wenn die Schäden erst später bemerkt werden, dafür zur Verantwortung gezogen werden.*

Der Anspruch auf Schadensersatz des Benutzers gegenüber dem vorherigen Benutzer ist neben Hotelkosten und sonstigen Ausgaben auf 250 € pro Wartetag begrenzt.

*»Sonstige Ausgaben« wären z. B. die Transferkosten der nachfolgenden Crew, falls das Schiff nicht im vereinbarten Hafen übergeben werden kann, sowie dadurch verursachte Telefongebühren.*

Lassen vom Benutzer nicht zu vertretende Umstände die termingerechte Rückführung des Schiffes an den vereinbarten Ort aus Gründen der Sicherheit nicht zu, erfolgt die Übergabe durch den nachfolgenden Benutzer an dem nächsten für beide erreichbaren Ort. Für die entsprechende Benachrichtigung des nachfolgenden Benutzers hat der Benutzer zu sorgen und ist dem nachfolgenden Benutzer lediglich zur Erstattung der Mehraufwendungen und Auslagen verpflichtet. Der Benutzer ist verpflichtet, bei seiner Routenplanung auch mögliche ungünstige Witterungsbedingungen zu berücksichtigen, um eine pünktliche Rückkehr zum Übergabehafen sicherzustellen.

*Dieser Passus schließt Schadenersatzansprüche der Nachfolgecrew aus. Ungünstige Wetterverhältnisse gelten ausdrücklich als vom Benutzer zu vertretender Verspätungsgrund! Verspätet sich die pünktliche Rückgabe wetterbedingt, so muss der Vorcharterer, je nachdem ob die festgelegte Wartefrist unter- oder überschritten wird, dem Charterer die anteilige oder vollständige Chartergebühr ersetzen.*
*In vielen Charterverträgen findet sich unter dem Punkt »Haftung des Charterers« der pauschale Passus, dass »der Charterer bei Verschulden für alle Folgen seines Handelns einzustehen hat und den Vercharterer von allen zivil- und strafrechtlichen Folgen freihält«.Eventuell ist noch explizit zusätzlich die Möglichkeit vorgesehen, dass der Charterer bei mittelbaren Vermögensschäden,*

*d. h. nicht versicherten Folgeschäden (z. B. Charterausfall wegen längerem Werftaufenthalt nach Unfall) haftbar gemacht werden kann. Tritt eine derartige Situation ein, kann dies ohne Abschluss einer Folgeschaden- bzw. einer erweiterten Skipperhaftpflicht-Versicherung sehr teuer werden!*

**7. Gewährleistung der Firma Sonnenschein-Yachtcharter**

Die Firma Sonnenschein-Yachtcharter übergibt das Schiff in augenscheinlich sicherem und gebrauchsfähigem Zustand gemäß Übergabeprotokoll.

*Der Charterer muss sich also selbst genauestens davon überzeugen, ob an Bord alles in Ordnung ist. Dazu gehören z. B. auch ein Probelauf des Motors, Kontrolle des Ölstands sowie die Funktionsprüfung aller elektronischen und mechanischen Geräte, auch wenn dies sehr zeitaufwendig ist. Außerdem sollte der Stand des Motorbetriebsstundenzählers notiert werden. Defekte, die bei der Übernahme übersehen bzw. nicht schriftlich fixiert wurden, werden eventuell dem Charterer als Verursacher angelastet. Deshalb muss alles, was beanstandet wird bzw. fehlt, im Übergabeprotokoll vermerkt sein. Nach Möglichkeit sollte man zusätzlich Schäden und Mängel durch Fotos dokumentieren, um gegebenenfalls eine spätere Beweisführung zu erleichtern. Bei schwerwiegenden Mängeln sollte auf Abhilfe bzw. auf Nachbesserung gedrängt werden.*
*Sowohl der Charterer als auch der Vercharterer bzw. dessen Vertreter unterschreiben dieses Protokoll, das auch den Zusatz tragen kann:* »Das Boot wurde gemäß Kontrollliste auf Vollzähligkeit des Inventars, Zustand und Sauberkeit nach Augenschein geprüft. Weitere Beanstandungen können nur vor dem Auslaufen berücksichtigt werden.«

Den Nachweis über die ordnungsgemäß durchgeführten Kontrollen und Wartungsarbeiten hat die Firma Sonnenschein-Yachtcharter zur Einsichtnahme auszulegen. Für die Anzeigegenauigkeit der Instrumente und die Leistung von Heizung und Kühlschrank übernimmt die Firma Sonnenschein-Yachtcharter keine Gewähr.

*Für die Anzeigegenauigkeit der Instrumente wird keine Gewähr übernommen. Es entspricht auch nicht seemannschaftlichen Grundsätzen, einer »black box« blind zu vertrauen. Vielmehr sind eine kritische Kontrolle der Anzeigeinstrumente sowie der gesunde Menschenverstand gefordert!*

*Heizung und Kühlschrank sind nicht auf allen Charterbooten vorhanden. Da die Geräte relativ teuer und reparaturanfällig sind, übernimmt der Vercharterer keinerlei Ersatzansprüche bei Defekten, wenn diese nicht schon bei der Übernahme der Yacht hätten erkannt werden können.*

*Formulierungen wie »Für die Richtigkeit des überlassenen Kartenmaterials und der Seehandbücher wird keine Gewähr übernommen« können ein Hinweis auf veraltete Seekarten sein. In Deutschland vercharterte Yachten müssen über ein Bootszeugnis verfügen, in dessen Ausrüstungsvorschriften aktuell berichtigtes Kartenmaterial zwingend vorgeschrieben ist.*

Änderungen der Ausstattung bleiben vorbehalten.

*Damit schützt sich der Vercharterer gegen Preisminderungsansprüche wegen einzelner fehlender Ausrüstungsgegenstände. Geldersatz aufgrund fehlender Ausrüstung ist praktisch nur möglich, wenn es sich um Gegenstände handelt, für die ein Aufpreis bezahlt wurde (z. B. Spinnaker).*

### 8. Aufgaben des Benutzers

Der Benutzer ist verpflichtet, das Boot so zu führen und zu halten, dass eine größtmögliche Sicherheit und Werterhaltung gewährleistet ist. Das auf dem Boot befindliche Merkblatt und die Bedienungsanleitungen sind vor dem Auslaufen zu lesen und zu beachten. Die während der Benutzungszeit erforderlich werdenden Reinigungs-, Pflege- und Wartungsarbeiten und Kontrollen hat der Benutzer durchzuführen und im Logbuch zu dokumentieren. Notwendige Reparaturen hat er – soweit möglich – sofort durchzuführen oder durchführen zu lassen.

Soweit es sich um normalen Verschleiß handelt, gehen die Kosten zu Lasten der Firma Sonnenschein-Yachtcharter. Einen Entschädigungsanspruch für etwaigen Zeitausfall kann der Benutzer nicht geltend machen.

*Hiermit ist festgelegt, dass der Charterer vom Vercharterer für die Reparatur-
zeit keinen Schadenersatz für entgangene Urlaubstage verlangen kann. Denn
der Vercharterer hat praktisch nie die Möglichkeit zu kontrollieren, wie hoch
der Zeitaufwand tatsächlich war, besonders dann, wenn der Charterer die Reparatur selbst durchgeführt hat.*

### 9. Anzeigepflicht

Treten während der Benutzung Mängel auf, ist der Benutzer verpflichtet, sie
der Firma Sonnenschein-Yachtcharter sofort anzuzeigen. Verschweigt er bei
der Rückgabe Schäden, so kann er auch dann noch ersatzpflichtig gemacht
werden, wenn die Firma Sonnenschein-Yachtcharter oder ihr Beauftragter
den Schaden bei der Rücknahme nicht bemerkt hat. Vorkommnisse sind sofort anzuzeigen, z. B. Grundberührung.

*Die Einhaltung dieses Punktes ist besonders wichtig und kann erhebliche
Schwierigkeiten ersparen. Verständigen Sie daher bei Defekten stets sofort tele-
fonisch oder per Fax den Vercharterer. Da derartige Vorkommnisse zum täglichen Brot eines Bootsvermieters gehören, wird er entweder sicher sagen können,
wie man den Schaden selbst behebt, oder andere Verhaltensmaßregeln geben.
Folgender Satz taucht in manchen Rückgabeprotokollen auf:*
*»Fehlbestände oder Beanstandungen, die bei der Rückgabe nicht sofort, je-
doch am selben Tag vor dem neuerlichen Auslaufen bemerkt werden, gehen zu
Lasten des letzten Skippers, wenn sie vom Beauftragten der Firma XY-Yacht-
charter und einem anderen Schiffsführer abgezeichnet werden.*
*Ich versichere ausdrücklich, keine Grundberührung oder andere Vorkommnisse
gehabt zu haben.«*

### 10. Risiko

Der Benutzer und seine Begleiter benutzen das Boot und sein Zubehör auf
eigene Gefahr. Ansprüche jeder Art gegen die Firma Sonnenschein-Yachtcharter aus Schäden, die den Benutzern oder Begleitern während der Nutzung durch das Boot, Teile des Bootes oder das Zubehör oder im Zusammenhang mit der Benutzung entstehen, sind ausgeschlossen.

*Hier wird ausdrücklich festgehalten, dass der Charterer auf eigenes Risiko fährt. Wird z. B. ein Crewmitglied bei einer Patenthalse vom Baum getroffen, kann es nicht den Vercharterer verklagen, weil dieser keine Baumbremse eingebaut hat.*

*Manche Vercharterer beschränken ihre Haftung pauschal auf den Charterpreis oder das Zwei- bis Dreifache davon, außer bei grober Fahrlässigkeit und / oder Vorsatz. Unzulässig nach dem AGB-Gesetz sind nur Formulierungen, nach denen der Vercharterer überhaupt nicht haftet.*

> Der Skipper wird von den übrigen Benutzern ausdrücklich von der Haftung ihnen gegenüber freigestellt.

*Dadurch wird der Skipper vor Schadenersatzansprüchen der Crewmitglieder geschützt, die deshalb auch den Vertrag mit unterzeichnen müssen. Dies gilt z. B. für den durch eine Patenthalse Verletzten oder ein Crewmitglied, das unter Deck mit dem Kopf gegen die Tischplatte geprallt ist und sich dabei einen Schädelbruch zugezogen hat, weil der Rudergänger, nicht unbedingt der Skipper selbst, bei einem Hafenmanöver das Boot gegen die Kaimauer gelenkt hat.*

> **11. Gerichtsstand und Gültigkeit**
>
> Es gilt allein deutsches Recht.
> Werden Teile des Vertrags durch deutsche gesetzliche Bestimmungen ganz oder teilweise eingeschränkt oder aufgehoben, so behalten die übrigen Teile des Vertrages ihre Gültigkeit.
> Nebenabreden bedürfen der Schriftform.
> Erfüllungsort und Gerichtsstand ist _____. Das gilt auch für die Erfüllung der Anzeigepflicht.

*Bei Verträgen mit ausländischen Schiffseignern gilt meist der Sitz des Vercharterers als Gerichtsstand. Davon kann man als Charterer eventuell profitieren. Wer beispielsweise in Italien ein Boot gechartert hat, es aber zum Übergabe-*

*termin nicht am vereinbarten Platz vorfindet, kann schon vor Ort einen Anwalt hinzuziehen und damit möglicherweise doch noch ohne viel Verzögerung mit einem als Ersatz gestellten Schiff auslaufen. Müsste man sich den juristischen Beistand erst in Deutschland holen, wäre dies in der Kürze der zur Verfügung stehenden Zeit kaum möglich.*

*Andererseits kann ein Gerichtsstand im Ausland (z. B. in Übersee!) auch sehr große Nachteile haben, insbesondere immer dann, wenn sich die Streitigkeiten über das Ende des Törns hinausziehen und der Charterer wieder in Deutschland ist. Dann muss er die gesamte juristische Auseinandersetzung im Ausland von zu Hause aus führen. Das kann unangenehm, kompliziert und teuer werden. Da können gewaltige Kosten für einen am Gerichtsstand zugelassenen fachkundigen Anwalt, gegebenenfalls für einen Dolmetscher sowie für Reisen zu Gerichtsterminen anfallen. In den meisten Fällen sind die Unkosten für einen Prozess im Ausland im Vergleich zum Streitwert so hoch, dass sie den Aufwand nur in den allerseltensten Fällen rechtfertigen.*

*Das Prozessrisiko trägt der Charterer auch dann, wenn die Charteryacht ohne zusätzliche Leistungen wie z. B. Flüge, Transfers etc. von einer Agentur vermittelt wurde. Diese haftet dann nicht für die Versäumnisse des Anbieters vor Ort, da sie nicht als Reiseveranstalter auftritt.*

*Wird bei einer Auslandscharter ein Ort in der Bundesrepublik Deutschland als Gerichtsstand und Erfüllungsort vertraglich festgelegt, so sollte unbedingt dafür gesorgt werden, dass die Anwendung ausschließlich deutschen Rechts für die Durchführung des Vertrags und die sich daraus ergebenden Rechtsstreitigkeiten vereinbart wird.*

*

Als Richtschnur zum Vergleich der vertraglichen Modalitäten, die von Vercharterer zu Vercharterer differieren, eignet sich auch der Punkt 2 »Chartervertrag« der Richtlinien der Vereinigung Deutscher Yacht-Charterunternehmen (s. Kap. 11, »Verbände und Vereine«).

## Mitseglervereinbarung

»Vertrag kommt von vertragen!« Dieser Spruch gilt nicht nur für das Verhältnis zwischen Vercharterer und Charterer, sondern auch für das »Innenverhältnis« der Crew. Solange es innerhalb der Charterbesatzung keine Auseinandersetzungen um finanzielle oder haftungsrechtliche Ansprüche gibt, besteht kein Reglungsbedarf. Aber in der Praxis existiert ein großes Konfliktpotenzial. Zwei Beispiele sollen dies verdeutlichen:

- Ein fünfköpfiger Freundeskreis (»Fünf kleine Negerlein …«) entschließt sich zu einem gemeinsamen zweiwöchigen Chartertörn. Jeder zahlt 20 % der Anzahlung und vier Wochen vor Törnbeginn 20 % der zu diesem Zeitpunkt fälligen Restsumme. Eine Woche vor Törnbeginn sagen zwei der Crewmitglieder überraschend ab (»Mein Praxiskollege, der die Urlaubsvertretung übernehmen sollte, ist schwer erkrankt. Wegen der vielen bereits vergebenen Termine kann die Praxis während des Törns nicht geschlossen werden« und »Meiner Frau wird es zu viel, zwei Wochen mit den Kindern alleine zurechtzukommen. Sie hat mir mit Scheidung gedroht, falls ich nicht auf den Törn verzichte«) und verlangen ihren Einsatz zurück (»Wer nicht fährt, muss nicht zahlen«). Die dezimierte Restcrew sieht nicht ein, zu dritt noch zusätzlich 40 % der Chartergebühr zu übernehmen, da dadurch die finanzielle Kalkulation des Charterurlaubs völlig über den Haufen geworfen wird. Jetzt ist der Ärger vorprogrammiert und guter Rat wird teuer (Anwaltskosten, Gerichtsgebühren etc.)!
- Eine vierköpfige Chartercrew segelt gerade in einem flachen Revier mit steinigem Grund. Skipper und Navigator gönnen sich nach dem Genuss von je drei Dosen Bier einen ausgiebigen Mittagsschlaf. Während die beiden »Experten« in der Koje liegen, sonnt sich der dritte Mann, ein Segelanfänger, auf dem Vorschiff und träumt von Meerjungfrauen. Am Steuer steht der vierte Mann, nüchtern und wach, aber ein absoluter Segelnovize. Plötzlich »tut es einen entsetzlichen Schlag« und die Yacht sitzt auf einem flachen Unterwasserserriff auf. Wasser läuft durch die Risse im Kunststoffrumpf …
Wegen grober Fahrlässigkeit übernimmt die Versicherung keine Haftung. Wer soll nun den enormen finanziellen Schaden begleichen? Die Crew zu gleichen Teilen, der Skipper, der seine Sorgfaltspflicht vernachlässigt und

dem unkundigen Steuermann versichert hat, dass er »nur immer Richtung Leuchtturm lenken« müsse, oder der Steuermann, der »als Laienspieler den Karren in den Dreck gesetzt hat«?

*Warum noch ein Vertrag?*

Grundsätzlich sollten alle Rechte und Pflichten der Törnteilnehmer schriftlich geregelt werden, um im unerfreulichen Fall der Fälle ein von allen Crewmitgliedern gebilligtes Vorgehen zu ermöglichen. Sinn und Zweck einer Mitseglervereinbarung ist es also, alle Törnteilnehmer über mögliche Haftungsrisiken aufzuklären und das Vorgehen bei möglichen Ansprüchen, die nicht durch eine Versicherung gedeckt sind, innerhalb der Crew zu regeln. Vorsätzlich verursachte Schäden sind dabei immer ausgeklammert. Letztlich soll auch der Skipper von einer alleinigen Verantwortung freigestellt werden (»Einer für alle«, d. h. soll der Skipper wirklich immer alleine für alles zuständig und verantwortlich sein?), da ansonsten nur noch finanzielle Masochisten für diesen Job in Frage kämen!

Es existieren verschiedene Vorschläge für eine derartige »Mitseglervereinbarung« (Vordrucke zum Download s. z. B. www.yacht.de). Synonyme sind »Crewvertrag« oder »Reisevereinbarung«. Sinnvollerweise wird die Vereinbarung aufgesetzt und von allen Törnteilnehmern unterzeichnet, bevor der Chartervertrag unterschrieben wird.

---

**Beispiel einer Mitseglervereinbarung**

Folgende Personen vereinbaren die gemeinsame Durchführung eines Chartertörns von .......... bis .......... auf der Yacht .......... mit Ausgangshafen ..............

1. ........  2. ..........  3. ..........  4. ..........  5. ..........  6. ..........

*1. Chartervertrag*

Grundlage dieser Mitseglervereinbarung ist der zwischen dem Charterer .............. und dem Vercharterer .......... geschlossene Chartervertrag vom .................. Jedes Crewmitglied hat eine Fotokopie dieses Vertrags erhalten und erkennt ihn an.

---

*2. Kosten*

Sämtliche anfallenden Kosten werden von den Törnteilnehmern zu gleichen Teilen getragen. Dazu gehören die Chartergebühr einschließlich Kaution und Endreinigung, die Bordkasse (Verpflegung und Getränke an Bord, Sprit, Hafengebühren etc.) sowie Kosten, die aus einer Nichterfüllung des Chartervertrages (z. B. Rücktritt, Verletzung von Vertragspflichten, verspätete Rückgabe) oder aufgrund von Schäden, die nicht vorsätzlich von einem Crewmitglied verursacht wurden und von keiner Versicherung gedeckt werden, resultieren.

Folgende Versicherungen werden zur Abdeckung der im direkten Zusammenhang mit dem Törn stehenden Risiken abgeschlossen:

.............. ............... ............... ............... ...............

Die Kosten dafür werden von allen Törnteilnehmern zu gleichen Anteilen getragen.

Die gesamte Chartergebühr beträgt .......... €. Jeder Törnteilnehmer hat insgesamt einen Anteil von .......... € zu tragen und verpflichtet sich, seinen jeweiligen Anteil an den im Chartervertrag genannten Zahlungsraten mindestens sechs Tage vor den dort festgelegten Terminen auf das folgende Konto einzuzahlen: ..........

Weiterhin verpflichtet sich jeder Törnteilnehmer, am Tage des Törnantritts .......... € im Voraus in die Bordkasse einzuzahlen und gegebenenfalls während des Törns erforderliche weitere Zahlungen zur Auffüllung der Bordkasse zu leisten.

Tritt ein Törnteilnehmer von der Reise zurück, gleichgültig aus welchem Grund und zu welchem Zeitpunkt, ist er trotzdem zur vollständigen Übernahme seines Anteils an den Charterkosten verpflichtet, sofern nicht eine Reiserücktrittsversicherung dafür aufkommt oder die anderen Törnteilnehmer ausdrücklich darauf verzichten oder ein Ersatztörnteilnehmer gefunden wird, der von allen anderen Teilnehmern akzeptiert wird.

Der in Punkt 1 genannte Charterer verpflichtet sich, die Kaution, die nach der Abrechnung durch den Vercharterer verbleibt, umgehend und anteilig an die übrigen Törnteilnehmer zu überweisen. Stellt der Vercharterer Nachforderungen, so werden diese umgehend und anteilig dem im Punkt 1 genannten Charterer von den übrigen Törnteilnehmern nach Rechnungsstellung erstattet.

*3. Skipper*
Zum verantwortlichen Skipper wird ........ bestimmt. Er versichert, dass er die erforderlichen Erfahrungen, Kenntnisse und Qualifikationen besitzt, um die gecharterte Yacht jederzeit sicher unter Segel und Motor zu führen. Er weist die übrigen Törnteilnehmer in alle wichtigen Einrichtungen der Yacht ein und führt eine gründliche Sicherheitseinweisung durch.

*4. Pflichten der Crewmitglieder*
Jedes Crewmitglied verpflichtet sich, die Anordnungen des Skippers zu befolgen, und informiert ihn bzw. den jeweiligen Wachführer in allen unklaren Situationen. Jedes Crewmitglied ist selbst für seine persönliche Sicherheit verantwortlich und trägt bei Bedarf oder auf Anordnung Rettungsweste und Lifebelt.

*5. Haftungsausschluss*
Jeder Mitsegler nimmt auf eigenes Risiko an dem Törn teil und verzichtet auf alle Ersatzansprüche für Personen- und Sachschäden aufgrund leichter Fahrlässigkeit gegen den Skipper und die anderen Törnteilnehmer *(gegebenenfalls ergänzen: »und den Eigner, sofern dieser Törnteilnehmer ist«)*. Dieser Haftungsausschluss ist hinfällig, wenn die Schäden von einer Versicherung gedeckt werden oder durch Vorsatz bzw. grobe Fahrlässigkeit verursacht wurden.

*6. Gültigkeit der Vereinbarung*
Sollten einzelne Teile dieser Mitseglervereinbarung ungültig oder undurchführbar sein oder werden, so soll dies die Wirksamkeit der übrigen Teile der Vereinbarung nicht beeinträchtigen. Genauso wird verfahren, wenn sich ergeben sollte, dass die Vereinbarung eine Regelungslücke enthält. Ersatzweise soll die Mitseglervereinbarung so ausgelegt werden, dass sie dem beabsichtigten Zweck möglichst nahe kommt. Streitfälle werden nach deutschem Recht entschieden.

Datum und Unterschriften (1. ... 2. ... 3. ... 4. ... 5. ... 6. ...)

*Haftungsausschluss bei grober Fahrlässigkeit*

Soll eine gegenseitige Haftung bei Schäden, die durch grobe Fahrlässigkeit (z. B. Alkoholgenuss) entstehen, ausgeschlossen werden, muss eine so genannte Individualvereinbarung aufgesetzt werden. Sie darf nach AGB-Gesetz, im Gegensatz zur Mitseglervereinbarung, keine vorformulierten Vertragsbedingungen enthalten (»Vordruck«) und muss zwischen jedem Crewmitglied einzeln geschlossen werden. Das heißt, sie kann kein Bestandteil der Mitseglervereinbarung sein.

---

*Beispiel für eine Ergänzende Haftungsvereinbarung*

Die zwei Teilnehmer .............. und .............. des Chartertörns schließen folgende ergänzende Haftungsvereinbarung zum Mitseglervertrag vom ....... ab:

1. Beide Törnteilnehmer haften dem jeweils anderen nicht für Schäden, die aus leichter oder grober Fahrlässigkeit resultieren. Dieser Haftungsausschluss umfasst sämtliche Ansprüche, sofern sie nicht von einer Versicherung gedeckt werden.

2. Beide Törnteilnehmer befreien den jeweils anderen anteilig von Ansprüchen Dritter, die diesen mittel- oder unmittelbar aufgrund einer Schädigung wegen leichter oder grober Fahrlässigkeit zustehen.

Datum und Unterschriften (1. ... 2. ...)

---

Anmerkungen zur *Ergänzenden Haftungsvereinbarung*

- Aufgrund des zweiten Punkts werden z. B. die finanziellen Folgen eines grob fahrlässigen Verhaltens des Skippers auf die gesamte Crew umgelegt. Somit haftete der Skipper nur anteilig, d. h. die Crew würde sich z. B. das über den Skipper verhängte Bußgeld oder die aus seinem Fehlverhalten resultierenden Reparaturkosten teilen.

- Dritte, wie z. B. Angehörige, Kranken- oder Sozialversicherungsträger, die von den Folgen der ergänzenden Haftungsvereinbarung betroffen sind, können die Vereinbarung unter Umständen anfechten.

## Haftpflicht- und Kaskoversicherung

*Haftung: Wer wofür?*
Ein Problem, dessen sich viele Charterer nicht ausreichend bewusst sind, kann die Frage der Haftung werden. Prinzipiell ist der Charterer für jeden von ihm verursachten bzw. verschuldeten Schaden verantwortlich. Schuldhaft handelt, wer *vorsätzlich* oder *fahrlässig* handelt. Zusätzlich wird zwischen *leichter und grober Fahrlässigkeit* unterschieden, wobei der Begriff »grobe Fahrlässigkeit« dehnbar ist bzw. insbesondere von ausländischen Gerichten unterschiedlich ausgelegt werden kann! Grundsätzlich muss der Charterer für alle Schäden aufkommen, die die Versicherung nicht deckt.

- Eine *Haftpflichtversicherung* deckt Personen- und Sachschäden aufgrund *leichter* oder *grober* Fahrlässigkeit an Personen oder Booten Dritter. Manche Haftpflichtversicherungen behalten sich jedoch bei *grober* Fahrlässigkeit ein Rückgriffsrecht auf den Verursacher vor und können diesen gegebenenfalls in Regress nehmen. Hinweis: Greift die Haftpflichtversicherung nicht, weil z. B. die Prämie nicht oder nicht rechtzeitig bezahlt wurde, so muss nicht der Vercharterer, sondern der Skipper bzw. das betreffende Crewmitglied für den verursachten Haftpflichtschaden aufkommen.

- Eine *Vollkaskoversicherung* deckt Schäden an der gecharterten Yacht meist nur aufgrund *leichter* Fahrlässigkeit. Damit deckt die Kaskoversicherung meist *keine* durch Leichtsinn oder grobe Verletzung der Grundregeln der guten Seemannschaft entstandenen Kaskoschäden. Das gilt auch für alle durch grobe Nachlässigkeit verursachten Verluste von Ausrüstungsgegenständen. Da der Begriff »grobe Fahrlässigkeit« international nicht einheitlich definiert ist, sollte sich der Skipper gegebenenfalls für eine eigene Absicherung entscheiden (s. Skipper-Haftpflichtversicherung). Hinweis: Greift die Kaskoversicherung nicht, weil z. B. die Prämie nicht oder nicht rechtzeitig bezahlt wurde, so muss der Vercharterer für den vom Skipper oder einem Crewmitglied verursachten Kaskoschaden aufkommen.

*Versicherungen als Teil des Chartervertrags*
Die für die Charteryacht abgeschlossenen Haftpflicht- und Vollkaskoversicherungen sind ein wichtiger Bestandteil des Chartervertrags. Dazu gehört die

Nennung der Selbstbeteiligung des Charterers im Schadensfall, die in der Regel der Höhe der bei Törnantritt zu hinterlegenden Kaution entspricht. Falls nicht im Vertrag erwähnt, sollte man sich vom Vercharterer schriftlich bestätigen lassen, welche Deckungssummen je Schadensereignis die Haftpflichtversicherung für Personen-, Sach- und Vermögensschäden übernimmt (Versicherungskopie). Wichtig in jedem Fall: die Beachtung der Haftungsausschlüsse, die gegebenenfalls in dem Versicherungsverträgen genannt werden, so z. B. der Verlust von Ausrüstungsgegenständen, das Auslaufen ab bestimmter Windstärken, Nachtfahrten oder die Beschränkung auf festgelegte Fahrtgebiete.

*Versicherungsbedingungen als Auswahlkriterium*
- Für die Auswahl des Vercharterers können auch Versicherungsbedingungen relevant sein. Sind z. B. eine Bergung der Yacht bzw. die Wrackentsorgung in der Kaskoversicherung enthalten? Da in diesen Fällen enorme Kosten für den Charterer anfallen können, sollte man den Vercharterer dazu bringen, diese Risiken gegebenenfalls durch eine Ergänzung der Kaskoversicherung abzudecken und diesen zusätzlichen Abschluss ausdrücklich mit in den Vertrag aufzunehmen oder aber den Vertrag gegebenenfalls nicht unterzeichnen.
- In Charterverträgen findet sich häufig eine Formulierung, mit der explizit darauf hingewiesen wird, dass der Charterer der Yacht für nicht versicherte Folgeschäden, d. h. mittelbare Vermögensschäden, haftbar gemacht werden kann. Dazu gehören sämtliche Folgeschäden wie z. B. Wertminderung der Yacht nach einem Schadensfall oder der Nutzungsausfall des Vercharterers. Kann beispielsweise die nachfolgende Crew das Schiff wegen der Dauer einer Reparatur nicht rechtzeitig übernehmen, so würde dies dann zu Lasten des Vorcharterers gehen, der dann möglicherweise mit mehr als seiner hinterlegten Kautionssumme haften müsste.
- Unseres Erachtens sollte man nach Möglichkeit nur bei Firmen chartern, die die maximale Haftung auf die Höhe der Kaution beschränken und bereit sind, darüber hinaus gehende Kosten (z. B. für den Charterausfall) als unternehmerisches Risiko zu tragen, anstatt diese auf den Charterer abzuwälzen! Andernfalls empfiehlt sich der Abschluss einer Folgeschadenversicherung bzw. einer erweiterten Skipper-Haftpflichtversicherung (s. d.).

## Sicherungsschein (Insolvenzversicherung)

*Wer muss einen Sicherungsschein ausgeben?*
Gemäß § 651 k BGB müssen *Reiseveranstalter* für ihre Reiseteilnehmer eine Insolvenzversicherung abschließen. Dieses Gesetz gilt nicht nur für kommerziell tätige Reiseveranstalter, sondern auch für Vereine und Verbände. Ein Reiseveranstalter ist nach dem gesetzlichen Wortlaut immer derjenige, der *mindestens zwei Einzelleistungen der Reise*, von denen nicht die eine ganz untergeordnete Bedeutung hat, *zu einem Gesamtpreis zusammenfasst*. Diese Definition trifft jedoch nur auf einen geringen Teil der Vercharterer zu. Bietet die Charterfirma z. B. die Yacht *zusammen* mit dem Flug zur Charterbasis an, so hat sie im Sinne des Gesetzes zwei bestehende Einzelleistungen einer Reise erbracht und ist damit als Reiseveranstalter zum Abschluss einer Insolvenzversicherung verpflichtet.

Überwiegend wird aufgrund von Gerichtsurteilen eine analoge Anwendung des Pauschalreiserechts auch auf das alleinige Chartern eines Bootes, d. h. auch ohne weitere Nebenleistungen befürwortet, da sich aus § 651 a BGB nicht herleiten lässt, dass die entsprechende Anwendung des Reisevertragsrechts ausgeschlossen ist, wenn nur eine einzelne Reiseleistung geschuldet ist.

Bei den entsprechenden Gerichtsentscheiden wurde die analoge Anwendung des Reisevertragsrechts bei Einzelleistungen insbesondere dann in Betracht gezogen, wenn sich der Anbieter der Einzelleistung typischerweise wie ein Reiseveranstalter darstellte (z. B. Vermietung einer Yacht aus einem Katalog oder Prospekt). So z. B., wenn der Leistungserbringer die Verantwortung für die angebotene Leistung übernommen hat und wenn zusätzlich die Zweckbestimmung der Leistung die Gestaltung des Urlaubs (Urlaubsgenuss und Erholung) und nicht z. B. lediglich eine Zielerreichung war (Vercharterung einer Yacht als Transportmittel wäre demnach ein Beispiel für einen reinen Beförderungsvertrag).

Demnach ist eine Charterfirma in ihrer Eigenschaft als Pauschalreiseveranstalter verpflichtet, einen Sicherungsschein herauszugeben. Der Sicherungsschein muss bei Firmen mit Sitz innerhalb der EU dem jeweiligen Landesrecht, bei Firmen mit Sitz außerhalb der EU dem deutschen Recht entsprechen. Er muss in jedem Fall in deutscher Sprache abgefasst sein. Eine Charteragentur hat die Pflicht zu überprüfen, ob der Sicherungsschein der Charterfirma vorliegt und ob er wirksam ist. Anderweitig ist der Vermittler im Inland auf Schadensersatz haftbar.

**Was leistet der Sicherungsschein?**
Der Reiseveranstalter muss sicherstellen, dass dem Kunden erstattet werden:
– der gezahlte Reisepreis, soweit Reiseleistungen infolge Zahlungsunfähigkeit oder Konkurses des Reiseveranstalters ausfallen, und
– notwendige Aufwendungen, die dem Reisenden infolge Zahlungsunfähigkeit oder Konkurses des Reiseveranstalters für die Rückreise entstehen.
Die Absicherung kann der Reiseveranstalter nur durch Aushändigung einer Bürgschaft (Sicherungsschein) an den Reisenden erfüllen.

**Praktische Probleme bei der Insolvenz**
Der Sicherungsschein schützt keinesfalls sofort, wenn der Charterer mit der Insolvenz des Veranstalters konfrontiert wird:
• Falls er nicht unverzüglich heimreisen kann, muss er den weiteren Aufenthalt für die gesamte Crew im Hotel organisieren. Dieser kann, abhängig vom Niveau des Hotels und der Dauer des Aufenthalts, teurer werden als die Chartergebühr, die er von der Insolvenzversicherung zurückerhält.
• Rückflug in Eigenregie, gegebenenfalls mit »Linie« mit den entsprechenden Kosten.
• Die Versicherung hat aus versicherungstechnischen Gründen die Möglichkeit der Haftungsbegrenzung. Die Haftung ist für alle durch den Deutschen Reisepreis-Sicherungsverein versicherten Reiseveranstalter insgesamt zu erstattenden Beiträge auf ca. 100 Millionen Euro jährlich begrenzt. Übersteigen die in einem Jahr (1.11. bis 31.10.) insgesamt zu erstattenden Beträge diesen Höchstbetrag, so werden alle Erstattungsansprüche anteilig gekürzt.
• Da im Voraus unbekannt ist, wie viele Insolvenzen in der Reisebranche auftreten, werden die geltend gemachten Ersatzansprüche zunächst gesammelt und die exakte Höhe wird festgestellt. Das heißt, die Auszahlung erfolgt nicht sofort, sondern frühestens im November, also erst wenn feststeht, dass die in einem Jahr (1.11. bis 31.10.) insgesamt zu erstattenden Beträge den Haftungshöchstbetrag nicht überschreiten. Schlimmstenfalls, bei einer Insolvenz, die im November aufgetreten ist, muss der Reisende mit einer Warte-

zeit von einem Jahr rechnen, d. h. bis zum nächsten Winter warten, bis er sein Geld zurück bekommt.

**Was nützt der Sicherungsschein eines Vermittlers?**
Gibt ein Vercharterer, der nicht *Veranstalter*, sondern *Vermittler* eines Vertrages zwischen seiner Partnerfirma und dem Charterer ist (s. »Zum Chartervertrag«), einen Sicherungsschein aus, so ist damit lediglich seine eigene Insolvenz abgesichert. Zahlungen des Charterers, die die Charteragentur an das Partnerunternehmen vor Ort weitergeleitet hat, sind deshalb bei einer Pleite der Partnerfirma ungeschützt. Aus diesem Grund haben einige Firmen eine so genannte Kreditversicherung abgeschlossen, die alle weitergeleiteten Zahlungen vor dem möglichen Konkurs einer Partnerfirma im In- und Ausland absichert. Dies erspart dem Charterer langwierige und meist frustrierende Auseinandersetzungen mit den jeweiligen Konkursverwaltern, insbesondere dann, wenn es sich um eine ausländische Partnerfirma handelt.

*Alternative zum Sicherungsschein*
Ist der Vercharterer nicht bereit, einen Sicherungsschein auszugeben, so kann der Charterer seine geleisteten Chartergebühren durch eine Bankbürgschaft absichern (s. »Zum Chartervertrag«).

## Charterversicherungen: sinnvoll oder überflüssig?

Für jede Charteryacht muss durch den Vercharterer eine Haftpflicht- und eine Kaskoversicherung abgeschlossen sein (s. d.), die Schäden gemäß den jeweiligen Versicherungsbedingungen übernimmt. Sind damit für den Charterer alle finanziellen Risiken, die auf dem Törn auftreten können, abgedeckt, abgesehen von der Zahlung der Selbstbeteiligung, die er im Schadensfall zu tragen hat? Die Frage muss man ausdrücklich mit einem klaren »Nein« beantworten. Die Thematik haben auch die Versicherungen in den letzten Jahren als Marktnische erkannt und einige Versicherungsarten speziell für den Chartermarkt etabliert. Bunte Prospekte versprechen einen sorgenfreien Charterurlaub von der Unterzeichnung des Vertrages bis zur Rückzahlung der Kaution. Neben einzelnen

Versicherungsangeboten gibt es Versicherungen im Paket oder als Bausteine zum Selbst-Zusammenstellen.

Der Charterer hat die Qual der Wahl. So kann er folgende Versicherungen abschließen:

- Skipper-Haftpflichtversicherung
- Kautionsversicherung
- Folgeschadenversicherung
- Beschlagnahmeversicherung
- Reiserücktrittskostenversicherung
- Auslandsreisekrankenversicherung
- Unfallversicherung
- Rechtsschutzversicherung
- Reisegepäckversicherung

*Wie soll ich mich entscheiden?*

Ist es sinnvoll oder notwendig, alle diese Versicherungen abzuschließen? Nicht jede angebotene Versicherung ist für den Charterer wichtig. Man kann für diese Versicherungen eine Menge Geld ausgeben und umgekehrt entsprechend sparen, wenn man individuell abwägt, welche Versicherungen man wirklich benötigt, und dann die Angebote verschiedener Anbieter kritisch vergleicht.

- *Zuerst* sollte man sich eingehend mit den Bedingungen der Haftpflicht- und der Vollkaskoversicherungen befassen, die der Vercharterer abgeschlossen hat, um beurteilen zu können, welche Schäden dabei nicht abgedeckt sind. Außerdem sollte man in den privaten Versicherungsunterlagen nachsehen, über welche Versicherungen man schon verfügt (z. B. Unfallversicherung), und anhand der jeweiligen Bedingungen überprüfen, ob Schäden, die bei einem Chartertörn auftreten, gedeckt sind. So schließt z. B. eine Privat-Haftpflichtversicherung Schäden, die auf einem Chartertörn verursacht werden, fast immer aus. Oft beinhaltet auch die Mitgliedschaft in einem Verband oder Verein oder der Besitz einer Kreditkarte zusätzliche Versicherungen (z. B. Auslandskrankenversicherung).

- *Danach* sollte man kritisch überprüfen, welche Risiken sinnvollerweise noch abzudecken sind. Tipps dazu finden sich in den folgenden Abschnitten, die sich mit den einzelnen Versicherungen auseinandersetzen. Unseres Erachtens sollte man sich insbesondere gegen die Schadensfälle wappnen, die mit erheblichen finanziellen Konsequenzen verbunden sind. Dagegen empfiehlt es sich, das Risiko für Schäden, die extrem unwahrscheinlich oder von überschaubarer Dimension sind, selbst zu tragen. Damit wären z. B. eine Beschlagnahme- oder Rechtsschutzversicherung eher entbehrlich.

* *Zuletzt* sollte man sich möglichst mehrere Versicherungsangebote machen lassen und diese anhand von Leistungsumfang (z. B. Höhe der Versicherungssummen), Besonderheiten (z. B. Ausschlüsse, bei Unfallversicherung Schutz auch beim Landgang?) und Kostenhöhe vergleichen. Dies ist oft nicht direkt möglich, da sich die Versicherungen in Details unterscheiden oder nur im Paket abzuschließen sind, das dann möglicherweise Versicherungen enthält, die man gar nicht benötigt.

## Skipper-Haftpflichtversicherung

*Boots-Haftpflichtversicherung: immer ausreichend?*

* Im Prinzip gehen die meisten Charterer davon aus, dass die im Chartervertrag erwähnte Haftpflichtversicherung auch ordnungsgemäß abgeschlossen worden ist. In der Praxis kennt der Charterkunde jedoch die entsprechenden Versicherungsbedingungen oft nicht. So kann es z. B. unklar bleiben, ob ein erweiterter Haftpflichtschutz für den Charterbetrieb besteht, ob die Versicherung bei grober Fahrlässigkeit ein Rückgriffsrecht auf den Verursacher hat oder wie hoch eigentlich der Umfang des Versicherungsschutzes ist.

* Unklar kann auch sein, ob der Vercharterer die Versicherungsprämie pünktlich bezahlt hat. Falls nicht, besteht kein Versicherungsschutz. Im Schadensfall würde also der Skipper das volle Risiko tragen und mit seinem gesamten Vermögen und künftigen Einkommen haften, bis der Schaden ersetzt ist. Die normale Privat-Haftpflichtversicherung deckt die Risiken auf einer Yacht mit Motor nicht ab!

* Auch bei Anwendung deutschen Rechts und einer vertraglich zugesicherten Haftpflichtversicherung kann der Rückgriff des Skippers auf die Charterfirma mit einer Enttäuschung enden, da die meisten Firmen Gesellschaften mit beschränkter Haftung sind.

*Skipper-Haftpflichtversicherung: »auf Nummer Sicher« gehen!*

- Niemand wird in der Praxis für die von ihm gecharterte Yacht die Versicherungspolice, die entsprechenden Vertragsbedingungen und den Zahlungsnachweis nachprüfen können. Gerade bei Charteryachten unter ausländischer Flagge ist die Beurteilung des tatsächlich vorhandenen Versicherungsschutzes oft unmöglich! Wer dem Vercharterer diesbezüglich misstraut und sich bei dem Gedanken an mögliche Konsequenzen unwohl fühlt, der sollte eine Skipper-Haftpflichtversicherung mit einer entsprechend hohen Deckungssumme abschließen.

- Versicherte Personen sind dabei der Skipper als Versicherungsnehmer sowie die Crewmitglieder. Somit sind Schadensereignisse, die sich bei Benutzung der Charteryacht und des Beibootes durch *Skipper und Crew* an Dritten ereignen, abgesichert (»gesetzliche Haftpflicht«).

- Bei der Auswahl der Versicherung sollte man darauf achten, dass Gewässerschäden sowie die Ansprüche mitversicherter Personen (der Crew) untereinander eingeschlossen sind. Nur dann haftet die Skipper-Haftpflichtversicherung z. B. auch für Schäden, die von Crewmitgliedern untereinander verursacht worden sind (z. B. schwere Kopfverletzung nach Patenthalse). Für entsprechende Regressforderungen des geschädigten Crewmitglieds bzw. dessen Angehöriger oder von Kranken- oder Unfallversicherungen, die vorerst für den Schaden aufgekommen sind und dann Rückgriff nehmen, müsste sonst das Crewmitglied, das den Schaden verursacht hat, aufkommen. Bei einem Familientörn sollte man in den Bedingungen nachlesen, ob Haftpflichtansprüche von Angehörigen ausgeschlossen sind.

- Manche Versicherer schließen auch die Schäden an der Charteryacht ein, die nicht durch die Vollkaskoversicherung abgedeckt werden (grobe Fahrlässigkeit). Ob ein Fall von *leichter oder grober* Fahrlässigkeit vorliegt, kann sich bei einer Beurteilung durch ein ausländisches Gericht von deutschen Auffassungen deutlich unterscheiden! Wird auf grobe Fahrlässigkeit entschieden, existiert kein Schutz durch die Kaskoversicherung, d. h. der Skipper und gegebenenfalls die Crew müssen für die Schäden an der gecharterten Yacht aufkommen! In diesem Fall würde nur eine Skipper-Haftpflichtversicherung helfen, die auch Schäden bei grober Fahrlässigkeit an der Charteryacht einschließt!

- Es gibt auch »Erweiterte Skipper-Haftpflichtversicherungen«, die zusätzlich das Risiko für Folgeschäden (Vercharterer macht den Charterer für Umsatzverluste haftbar aufgrund eines Ausfalls der Charteryacht, z. B. durch Beschädigungen mit folgendem Werftaufenthalt) absichern oder bei Beschlagnahme der Yacht durch eine ausländische Behörde (z. B. nach Schadensfällen) das Schiff durch Zahlung einer Kaution auslösen.

*Schlussfolgerung*
In vielen Fällen kann der Abschluss einer Skipper-Haftpflichtversicherung sehr sinnvoll sein!

## Kautionsversicherung

Durch den Abschluss einer Kautionsversicherung kann das Risiko der Selbstbeteiligung im Kaskoschadensfall abgedeckt werden. Behält der Vercharterer die an der Charterbasis hinterlegte Kaution nach Törnende teilweise oder vollständig wegen eines Schadens an der gecharterten Yacht ein, so haftet die Versicherung maximal bis zur Höhe der im Versicherungsantrag genannten Kautionssumme, die in der Regel der Höhe des Selbstbehalts der Vollkaskoversicherung entspricht. Ausgeschlossen sind wie bei der Kaskoversicherung Schäden, die vorsätzlich oder grob fahrlässig herbeigeführt wurden. Bei jedem Schadensfall ist eine festgelegte Selbstbeteiligung bzw. ein Mindestbetrag fällig, die den Charterer daran erinnern soll, dass er trotz Kautionsversicherung nicht sorglos mit dem Charterschiff umgeht.
Kautionsabsicherungen werden nicht nur von unabhängigen Versicherern, sondern auch von einigen Flottenbetreibern als eigenes Produkt angeboten. In diesem Fall darf der Begriff Kautionsversicherung aus juristischen Gründen nicht verwendet werden. Man spricht dann z. B. von Kautions*abgeltung*. In diesem Fall entfällt die Hinterlegung der Kaution an der Charterbasis.
Beworben wird die Kautionsversicherung gerne mit folgendem Beispiel: Der Skipper oder ein Crewmitglied verursachen einen größeren Schaden am Schiff, sodass die gesamte Kaution einbehalten wird. Bei der Diskussion der Frage, ob alle Crewmitglieder anteilig an dem von einem einzelnen Törnteilnehmer verur-

sachten »Verlust« der Kaution belastet werden, bricht Streit aus (»hätte doch besser aufpassen können«, »warum sollen wir für seine Dummheit bezahlen?«). Vergessen ist die hehre Vereinbarung zu Törnbeginn »einer für alle, alle für einen«. Elegante Lösung: Die Kautionsversicherung rettet den Bordfrieden! Der Abschluss einer Kautionsversicherung ist unseres Erachtens meist nur dann sinnvoll, wenn eine sehr hohe Kaution hinterlegt werden muss.

## Folgeschadenversicherung

Wird eine Yacht so schwer beschädigt (z. B. nach Grundberührung), dass sie auch noch über das Törn-Ende hinaus in der Werft zur Reparatur liegt, oder muss ein größeres Ersatzteil besorgt werden, sodass die Yacht für die Folgecrew nicht zur Verfügung steht, kommt es zu Einnahmeausfällen für den Vercharterer, da er das Boot in dieser Zeit nicht vermieten kann. Diese mittelbaren Vermögensschäden kann der Vercharterer nur dann vom Kunden einfordern, wenn dies explizit im Chartervertrag vorgesehen ist. Dazu ist jedoch z. B. der Passus »Der Abschluss der Haftpflicht- und Kaskoversicherung führt zu keiner Haftungsfreistellung des Charterkunden für Schäden, die nicht von der Versicherung ersetzt werden« nicht ausreichend.

Will der Charterer unbedingt ein Boot bei einer Firma mieten, die das Risiko für einen Verdienstausfall auf den Kunden abwälzt und nicht als unternehmerisches Risiko einstuft, so kann er eine Folgeschadenversicherung abschließen, die den Schaden ersetzt, der durch die Mindereinnahmen der Ausfalltage entsteht, wenn der Charterer aufgrund des Chartervertrags oder gesetzlicher Bestimmungen dazu verpflichtet ist. Zu beachten sind die Ausschlüsse (z. B. keine Deckung bei Ausfall der Yacht aufgrund eines Motorschadens, bei höherer Gewalt, Blitzschlag).

## Beschlagnahmeversicherung

Die Beschlagnahmeversicherung gewährt dem Charterer ein Darlehen (z. B. 50000 €), um ihn im Ausland einstweilen vor Strafverfolgungsmaßnahmen zu verschonen (Strafkaution). Dieser Fall tritt beim Chartertörn z. B. dann auf, wenn die ausländischen Behörden das Boot bis zur Klärung von Ansprüchen bei einem Unfall mit Personenschaden an die Kette legen.
Dieses Risiko ist minimal und der Abschluss dieser Versicherung ist unseres Erachtens daher entbehrlich.

## Reiserücktrittskostenversicherung

Verschiedenste Gründe können Anlass für den Skipper oder ein anderes Crewmitglied sein, nach Unterzeichnung des Chartervertrags den Törn nicht anzutreten oder ihn vorzeitig abzubrechen. Will man sich vor diesen Risiken bzw. den daraus resultierenden finanziellen Folgen schützen, bietet sich der Abschluss einer Reiserücktrittskostenversicherung an. Reiseveranstalter sind sogar gesetzlich angehalten, den Reiseteilnehmer über den möglichen Abschluss einer derartigen Versicherung zu informieren.

### Einzelgefahrendeckung
Doch nicht bei jedem wichtigen Grund besteht Versicherungsschutz. Es gilt die so genannte Einzelgefahrendeckung, d. h., die Reiserücktrittskostenversicherung bietet Versicherungsschutz nur bei Absagen, die durch Ereignisse bedingt sind, die in den Versicherungsbedingungen der jeweiligen Versicherung aufgeführt sind. Die Versicherer können die Bedingungen und die Verträge mittlerweile frei gestalten. Daher können die Versicherungsangebote unterschiedlichen Inhalt haben. In vielen Fällen legen die Versicherer aber immer noch die früher verbindlichen Allgemeinen Bedingungen für die Reiserücktrittskostenversicherung zugrunde.

*Leistungen*

Versichert ist immer das Risiko der Stornokosten bei Nichtantritt des Charter-vertrages. Wird also die Charteryacht nicht genutzt, werden die Rücktrittskos-ten erstattet, die dem Eigner, der Agentur oder dem Veranstalter vertraglich ge-schuldet werden.

Beim Prüfen der Versicherungsangebote sollte man darauf achten, welche Kos-ten zusätzlich noch Gegenstand der Versicherung sind. Etwa:

- Risiko nicht genutzter Leistungen bei vorzeitigem Abbruch des Törns
- Risiko zusätzlicher Rückreisekosten bei einem vorzeitigen Abbruch der Reise oder verspäteter Rückkehr infolge des Eintritts eines versicherten Ereignisses

*Versicherte Risiken*

Bei allen Versicherern sind die folgenden Risiken abgesichert: Tod, unerwartete schwere Erkrankung sowie schwere Unfallverletzung des Versicherten, seines Lebenspartners und seiner Angehörigen.

Die Versicherungsbedingungen der einzelnen Gesellschaften bieten noch bei Eintritt weiterer Risiken, mit denen der Versicherte konfrontiert werden kann, Deckungsschutz. So z. B. bei Impfunverträglichkeit, Schwangerschaft, Einberu-fung zum Wehrdienst oder Schaden am Eigentum infolge von Feuer, vorsätz-licher Straftat eines Dritten oder höherer Gewalt.

Die Liste der versicherten Ereignisse ist nicht bei allen Versicherungsbedingun-gen gleich. Daher sollte man beim Vergleich verschiedener Anbieter von Reise-rücktrittskostenversicherungen nicht nur auf die Höhe der Prämie achten, son-dern auch die jeweiligen Versicherungsbedingungen detailliert daraufhin über-prüfen, welche Ereignisse als versichert genannt werden.

*Meldung des Versicherungsfalls*

Sämtliche Reiserücktrittsversicherer bestehen auf einer *unverzüglichen* Mittei-lung bei Eintritt des versicherten Ereignisses, das die Reiseabsage verursacht. Grundsätzlich werden Kosten, die aufgrund einer verspäteten Reiseabsage ent-stehen, nicht erstattet. Dies spielt insbesondere eine Rolle beim Eintritt einer un-erwartet schweren Erkrankung oder einer schweren Unfallverletzung. Hofft der Versicherte auf eine rechtzeitige Besserung seines gesundheitlichen Zustands und muss dann kurz vor Törnbeginn doch stornieren, so übernimmt die Versi-

cherung nicht die dadurch bedingten erhöhten Stornokosten. Soll der Chartertörn beim Vercharterer storniert werden, weil der Skipper ausfällt, so muss dies
gleichzeitig mit der Meldung an die Versicherung erfolgen, damit keine erhöhten Stornokosten anfallen können (Staffelung der Stornogebühren nach zeit-
licher Nähe zum Törnantritt).

*Selbstbehalt*
Von jedem Selbstbehalt trägt der Versicherte einen Selbstbehalt (z. B. 25 €). Ein
Selbstbehalt in Höhe von 20 % der Stornokosten des anteiligen Charterbeitrags
wird überwiegend nur noch bei einer Törnabsage wegen unerwartet schwerer
Erkrankung berechnet. Darauf wird meist verzichtet, wenn die Krankheit so
schwerwiegend ist, dass eine akut erforderliche stationäre Behandlung Anlass
für die Stornierung gewesen ist.

*Worauf muss man achten?*
- Um eine realistische Vorstellung zu bekommen, welche Risiken eine Reiserücktrittskostenversicherung abdeckt, muss man das »Kleingedruckte«, d. h.
  die Versicherungsbedingungen genauestens durchgehen. So bedeutet z. B.
  der Punkt »Schwangerschaft einer Versicherten«, dass es sich um ein nicht
  versichertes Risiko handelt, wenn bei der Frau eines Törnteilnehmers, die
  selbst an der Charterreise nicht mit teilnehmen will, eine Schwangerschaft
  festgestellt wird. Tritt der zukünftige Vater vom Törn zurück, übernimmt die
  Versicherung keinerlei Stornokosten, da die werdende Mutter kein versichertes Crewmitglied ist. Deshalb muss man für jedes Risiko abklären, ob auch
  Versicherungsschutz besteht, wenn ein Angehöriger betroffen ist, oder ob
  dies nur der Fall ist, wenn es sich um den Versicherten selbst handelt.
- Reiserücktrittskostenversicherungen können individuell oder als Gruppenversicherung für Skipper und Crew abgeschlossen werden.
- Eine Gruppenversicherung sollte die folgenden Konstellationen abdecken:
  Tritt der Skipper den Törn nicht an und kann deshalb der Törn nicht stattfinden, werden die Gesamtkosten, d. h. die für Skipper und Crew anfallenden
  Kosten, übernommen. Kann ein Crewmitglied nicht mitfahren, werden die
  für das Crewmitglied anteiligen Kosten erstattet. Muss der Törn abgebro-
  chen werden, weil der Skipper während des Törns ausfällt und kein entspre-

chender Ersatzskipper einspringen kann, werden die Kosten für die nicht gesegelten Tage erstattet.

• Bei vielen Reiserücktrittskostenversicherungen muss der Versicherungsantrag innerhalb von 8 bis 14 Tagen nach Abschluss des Chartervertrages (Bu-
chungsdatum) unterschrieben werden. Deshalb sollte man sich parallel zur
Auswahl des Vercharterers auch schon um die Auswahl der Reiserücktrittskostenversicherung kümmern.

• Eine schwere Erkrankung oder Unfallverletzung muss mit einem ärztlichen
Attest nachgewiesen werden, aus dem die Diagnose und die Behandlungs-
daten hervorgehen. Zunehmend fordern die Versicherer auch fachärztliche
Gutachten (z. B. psychiatrisches Attest bei »psychophysischem Erschöpfungszustand«).

## Sonstige Versicherungen

### Auslandsreise-Krankenversicherung

In Ländern, mit denen die Bundesrepublik Deutschland kein Abkommen zur
wechselseitigen Anerkennung von Krankenversicherungen abgeschlossen hat,
müssen ärztliche Leistungen sofort beim jeweiligen Arzt oder Krankenhaus be-
glichen werden. Dies kann ein großes Loch in die Reisekasse reißen. Deshalb
sollte sich jedes Crewmitglied rechtzeitig darum kümmern, ob seine Krankenversicherung auch Leistungen in den Ländern, deren Küsten mit dem Charterboot befahren werden, übernimmt, und sich gegebenenfalls einen Auslandskrankenschein ausstellen lassen. Andernfalls muss man in jedem Fall eine Auslandsreisekrankenversicherung abschließen. Aber auch in Ländern, mit denen
ein Sozialversicherungsabkommen besteht (EU-Staaten und einige weitere Länder), gibt es manchmal Probleme, wenn vor allem niedergelassene Ärzte den
Auslandskrankenschein der gesetzlichen Krankenkassen nicht anerkennen und
Touristen nur als Privatpatienten behandeln. Gesetzliche Krankenkassen erstatten dann meist nur den Satz zurück, der für die gleiche Leistung durch sie in
Deutschland abgerechnet worden wäre. Die Differenz zwischen Privatrechnung
und Kassenleistung müsste dann der Betroffene aus eigener Tasche bzw. bei
vorherigem Abschluss seine Auslandskrankenversicherung tragen.

Da die Kosten für eine Auslandsreisekrankenversicherung sehr günstig sind, sollte man sich im Zweifelsfall immer für einen Abschluss entscheiden! Es besteht Subsidiarität, d. h. andere Versicherungen, insbesondere die gesetzliche Krankenversicherung, gehen der Auslandskrankenversicherung voran.

Wichtig ist auch die Absicherung eines erforderlichen Krankenrücktransports aus dem Ausland, den die gesetzlichen Krankenkassen nicht übernehmen. Er ist immer bei Auslandsreisekrankenversicherungen und oft im Jahresbeitrag von Kreditkartengesellschaften oder Anbietern von Autoschutzbriefen enthalten, aber nicht unbedingt in den Bedingungen von Privatkrankenversicherungen.

**Unfallversicherung**

Die Unfallversicherung zahlt bei Eintritt von Vollinvalidität eine vereinbarte Summe, bei Teilinvalidität reduziert sich die Auszahlung anteilig. Verbreitet ist der Irrglaube, dass eine Unfallversicherung überflüssig sei, da ja die Unfallfolgen von der Haftpflichtversicherung des »Gegners« gedeckt würden. Dazu muss man anmerken, dass eine Haftpflichtversicherung nur leistet, wenn ein Dritter schuldhaft geschädigt wurde. Jede Unfallfolge durch eigenverschuldeten Unfall (z. B. Schädelbruch nach Sturz ohne Fremdeinwirkung von der Kajüttreppe) ist damit kein Fall für die Haftpflichtversicherung. Weiterhin zahlt keine Haftpflichtversicherung, wenn Schädiger und Geschädigter beim fremdverschuldeten Unfall verwandt sind, so z. B. beim Familientörn.

Hinweise zur Auswahl

• Wichtig ist in jedem Fall bei der Auswahl der Unfallversicherung, dass das Risiko des Segelsports eingeschlossen ist, da manche Unfallversicherungen Leistungen bei Unfällen im Zusammenhang mit »gefahrengeneigten Sportarten« ausschließen.

• Schließlich sollte man in den Bedingungen genau nachlesen, wann geleistet wird. Manche Versicherungen erstrecken sich nur auf Unfälle im ursächlichen Zusammenhang mit dem Lenken und Benutzen der Charteryacht und seiner Beiboote. Damit sind Unfälle beim Landgang nicht versichert!

• Spezielle Unfallversicherungen werben gerne mit dem Hinweis, dass sie, im Gegensatz zu sonstigen Unfallversicherungen, auch Kosten für die Bergung aus Seenot erstatten, wenn kein Crewmitglied verletzt worden ist.

- Beachten muss man, dass der Hinweis, »Unfallversicherung für Skipper *und* Crew« irreführend sein kann, da im Schadensfall die Versicherungssumme durch die Anzahl der Crewmitglieder geteilt wird. Jeder Törnteilnehmer ist also nur mit einem entsprechenden Teilbetrag versichert.

Unseres Erachtens ist es sinnvoll, sich nicht nur für die Zeit des Chartertörns, sondern auch für die restliche Zeit des Jahres gegen Unfall zu versichern, da schwerwiegende Unfälle, unabhängig davon, ob sie auf dem Chartertörn oder im sonstigen Privatleben auftreten, mit entsprechender Minderung der Erwerbsfähigkeit existentielle Folgen haben können. Außerdem ist eine ganzjährige Versicherung relativ billiger.

### Rechtsschutzversicherung
Die Kosten für einen Rechtsstreit orientieren sich am Streitwert und sind daher meistens kalkulierbar, d. h. der Abschluss einer entsprechenden Versicherung ist unseres Erachtens nicht unbedingt erforderlich.

Bei allgemeinen Rechtsschutzversicherungen mit einer Jahrespolice muss man überprüfen, ob das Risiko der Yachtcharter eingeschlossen ist und für welche Länder Geltung besteht (meist z. B. nicht für Übersee). Spezielle Charterrechtsschutzversicherungen verfügen zwar über weltweite Geltung, zum Teil aber nur über einen eingeschränkten Deckungsumfang, der nur bei Streitfällen im Zusammenhang mit der Yachtführung steht.

### Reisegepäckversicherung
Beim »Für und Wider« bezüglich einer Reisegepäckversicherung sollte man sich zuerst die Versicherungsbedingungen kritisch durchlesen. So wird z. B. der Verlust oder Diebstahl von Geld, Scheckkarten, Flugtickets etc. nicht ersetzt. Prinzipiell gibt es auch keinen Ersatz beim Vorliegen von grober Fahrlässigkeit, die nach Meinung der Versicherer und Gerichte häufig schon besteht, wenn sich der Versicherte noch im Bereich der leichten Fahrlässigkeit wähnt!

Bei Diebstahl muss dem Versicherer eine schriftliche Bestätigung über die Meldung bei einer Polizeistation beigebracht werden, ein Unterfangen, für das in entsprechenden Revieren eine Menge Urlaubszeit geopfert werden muss.

# 7. »Zahlen bitte!«

## Die finanzielle Seite des Charterns

### Was kostet der Charterurlaub?

In diesem Kapitel soll grob orientierend gezeigt werden, mit welchen Gesamtkosten man ungefähr bei einem Charterurlaub rechnen muss. Bei den genannten Kosten handelt es sich um Anhaltswerte, die auf dem Stand des Jahres 2003 basieren.

Die Urlaubskosten setzen sich aus folgenden Einzelposten zusammen:

**Chartergrundgebühr**

Ihre Höhe hängt zum einen von der Jahreszeit ab. Man bezahlt beispielsweise für einen Törn in der zweiten Oktoberhälfte bei einigen Vercharterern bis zu 50 % weniger als in der Hauptferienzeit Juli und August.

Zum anderen ist das Fahrtgebiet ein wichtiger Faktor. Hier lässt sich ein eindeutiges Süd-Nord-Gefälle feststellen. So erhält man denselben Yachttyp in der Ostsee oft 20 % billiger als im Mittelmeer. Dies liegt unter anderem daran, dass den Firmen, die im Mittelmeer verchartern, wesentlich höhere Kosten entstehen. Auch beim Vergleich von Hausbootpreisen lassen sich Unterschiede ausmachen. So sind z. B. die Boote in Irland oder Schottland meist preisgünstiger als in Frankreich oder Italien. Dazwischen liegen Deutschland und die Niederlande. Eine große Rolle spielt der witterungsbedingte Verschleiß am Mittelmeer. Durch die starke Sonneneinstrahlung und den relativ hohen Salzgehalt in Wasser und Luft werden z. B. die Segel so stark angegriffen, dass sie wesentlich früher ersetzt werden müssen als z. B. bei Booten in der Ostsee. Aus den gleichen Gründen treten auch bei den technischen Einrichtungen an Bord häufiger Defekte auf.

Ein weiteres Problem in südlichen Ländern ist die Ersatzteilbeschaffung. Sie gestaltet sich schwieriger, aufwändiger und ist damit teurer als im Norden. Nicht zuletzt sind die höheren Chartergebühren auch dadurch bedingt, dass die Versicherungsprämien für Yachten im Mittelmeer höher sind als für Schiffe in der Ostsee. Auch sind die Abgaben, die Vercharterer in südlichen Revieren in Form von Steuern oder Gebühren zu entrichten haben, nicht unerheblich.

Die Chartergrundgebühr wird wesentlich durch die Ausrüstung, die sich an Bord befindet, mitbestimmt. Eine Ausstattung mit GPS-Empfänger, Radar, Seekartenplotter, Autopilot, UKW-Funk, Seenotsender, Warmwasserboiler und Ähnlichem schlägt sich natürlich auch im Preis nieder.

Chartert man ein Boot für zwei Wochen, so erhält man stellenweise einen Rabatt von bis zu 10 %, für drei Wochen bis zu 15 % auf die Gesamtchartergebühr.

Gegebenenfalls werden auch andere Rabatte gewährt, so z. B. für Stammkunden (oft 5 %) oder Frühbucher (bei Buchung bis zum 31.1. bis zu 10 %). Manchmal werden Rabatte auch erst auf gezielte Nachfragen eingeräumt.

Bei einer sehr gut eingerichteten neuen Yacht muss man im Mittelmeer in der Hauptsaison mit einem Kojenpreis von bis zu 55 € pro Tag rechnen, bei Hausbooten der Luxusklasse in Frankreich oder Italien mit sogar noch höheren Preisen. Entscheidend für den Preis sind der Zustand und die Ausrüstung des Schiffes sowie der Service am Liegeplatz.

Ein weiteres Kriterium ist das Alter der Yacht. Mittlerweile bieten einige Vercharterer ihre Schiffe nach Alterskategorien geordnet an. Ähnlich wie beim Auto ist der Wertverlust in den ersten Jahren am größten. So kann die Preisdifferenz zwischen einem ein Jahr und einem vier Jahre alten, ansonsten aber identischen Schiff bis zu 20 % betragen.

Der Kunde sollte darauf achten, ob die ältere Yacht hinsichtlich ihrer Ausrüstung in etwa einem neuwertigen Schiff entspricht oder ob es sich um eine »Magerversion« handelt. Bei älteren Schiffen kann sich auch ein Blick auf den Einrichtungsplan lohnen, denn die Yachtwerften orientieren sich immer gezielter an den Bedürfnissen des Chartermarkts:

- Gibt es ein zweites WC oder eine zweite Waschgelegenheit?
- Wie breit ist die Doppelkoje bzw. wie schmal ihr Fußraum? Zeichnungen in den Bootsprospekten sind oft nicht maßstabsgetreu!

**Charterextras**

Zwischen den einzelnen Charterfirmen gibt es erhebliche Unterschiede hinsichtlich der Ausrüstungsgegenstände, die in der Grundgebühr enthalten sind. Gilt bei der einen Firma bereits ein Handpeilkompass als Extra, gehört bei einer anderen Firma sogar ein Surfbrett zur Grundausstattung. Oft stellen die Vercharterer gegen Berechnung gesondertes Zubehör zu Verfügung (z. B. Spi).

Für einige Ausrüstungsgegenstände sind im Folgenden als grober Anhalt Wochenpreise angegeben, die jedoch von Vercharterer zu Vercharterer stark schwanken können:

Handpeilkompass (5 €), Fernglas (5 €), Schlauchboot (25–75 €), festes Beiboot (40–90 €), Außenbordmotor (je nach Leistung 50–100 €), Schlafsack ohne Bettwäsche (10 €), Wäscheset bestehend aus Schlafdecke, Kopfkissen mit Bezügen und Laken (10 €), Spinnaker (je nach Größe 60–130 €), Surfbrett (je nach Qualität 50–140 €), Sonnensegel (20 €), Autopilot (80–130 €), GPS-Empfänger (70 €). Speziell für die Charterer von Hausbooten werden auch Fahrräder (ca. 25–40 €) und Fernsehgeräte (40 €) angeboten. Für die Mitnahme von Tieren auf Hausbooten wird meist eine Pauschale von ca. 25 € pro Woche verrechnet.

**Übergabegebühr**

Manche Vercharterer setzen für den Crewwechsel (Kosten der Übergabe / Rückgabe) einmalig einen gesonderten Posten auf die Rechnung, der bis zu 100 € betragen kann. Möglicherweise ist dann die Chartergebühr niedriger als bei anderen Firmen mit vergleichbaren Booten.

**An- und Abreise**

Die Höhe der Kosten hängt davon ab, welches Transportmittel gewählt wird. Ein Flug kostet immer ein Mehrfaches einer Auto- oder Bahnfahrt. Nicht vergessen werden dürfen anfallende Autobahngebühren. Bei der Anreise per Flugzeug sollte man sich nach preisgünstigen Charterfluggelegenheiten erkundigen.

**Bewachter Parkplatz**

In manchen Ländern ist es empfehlenswert, das Auto während des Törns auf einem bewachten Parkplatz abzustellen. Dafür muss man durchschnittlich 3 € am Tag bezahlen. Garagen- oder Hallenplätze sind teurer (ca. 5 € am Tag).

**Einklarierung**

In Ländern, in denen man eine Ankunftsmeldung oder ein Transitlog benötigt, muss der bürokratische Aufwand meist auch bezahlt werden. Der Betrag errechnet sich aus der Bootsgröße oder der Personenanzahl.

**Liegegebühren**

Die Höhe der Liegegebühren ist abhängig davon, ob man in einem Hafen oder einer Marina festmacht. In Marinas, in denen es im Gegensatz zu öffentlichen Häfen oft gute sanitäre Anlagen gibt, muss man mit Preisen bis zu 2 € pro Meter Bootslänge am Tag rechnen. Besonders exklusive Marinas mit entsprechendem Ruf und Image nehmen auch weitaus höhere Preise. In der Vor- und Nachsaison sind die Preise oft ermäßigt. Manchmal kann man, wenn man außerhalb der Saison unterwegs ist, die Liegeplätze sogar kostenlos benutzen.

**Wasser und Strom**

Dafür ist meist eine Pauschale zu entrichten, die am Tag ca. 3 € für Wasser und Strom beträgt. Stellenweise muss man zusätzlich eine Grundgebühr bezahlen.

**Treibstoff**

Der Verbrauch hängt von der Antriebsart, der Motorleistung und der Drehzahl ab. Es gibt eine allgemeine Faustregel für den Verbrauch, die die PS-Leistung mit den Motorbetriebsstunden bei Marschfahrt in Beziehung setzt. Danach verbraucht 1 PS eines Dieselmotors ca. ¼ l Diesel, 1 PS eines Benzinmotors ca. ⅓ l Benzin und 1 PS eines Außenborders ca. ½ l Treibstoff pro gefahrener Stunde. Diese Regel beinhaltet gegenüber dem tatsächlichen Verbrauch immer etwas Sicherheit.

Abhängig vom jeweiligen Steuersatz differieren die Treibstoffpreise in den einzelnen Ländern.

Bei Hausbooten wird der Treibstoffverbrauch nicht nur nach tatsächlichem Verbrauch, sondern bei einigen Vercharterern nach einer Betriebsstundenpauschale (ca. 10–30 € pro Tag) abgerechnet.

## Verpflegung

Selbstverpfleger, die ihren Proviant entweder von zu Hause mitbringen oder ihn (oft teurer) im Hafen kaufen, können ihren Urlaub preiswerter gestalten als Segler, die täglich essen gehen. Eine nicht zu unterschätzende Rolle spielt auch der Getränkekonsum. Man muss für die tägliche Verpflegung mit einem Betrag von mindestens 13 € pro Besatzungsmitglied rechnen.

## Verschiedenes

Dazu gehören Reiseführer, Seehandbücher, Seekarten oder Törnführer. Bei diesem Posten kommt man schnell auf eine Summe von 100–150 €.

## Reinigungsgebühr

Wird eine Yacht im ungereinigten Zustand übergeben, behalten sich viele Vercharterer das Recht vor, Reinigungskosten in Höhe von 50–100 € in Rechnung zu stellen. Manchmal ist die Endreinigung sogar obligat. Den dabei entstehenden Kosten (ca. 50–130 €), die abhängig von der Bootsgröße sind, stehen manche Vorteile gegenüber. So kann z. B. die Heimfahrt früher angetreten werden, da die Reinigung von der Charterbasis organisiert wird. Außerdem entfallen leidige Diskussionen (»Wer putzt was?« bzw. »Wer reinigt die Toiletten?«).

## Zwei Beispiele

Anhand zweier Beispiele soll gezeigt werden, welche finanziellen Belastungen bei einem Chartertörn pro Besatzungsmitglied angesetzt werden müssen. Es wird dabei nach Haupt- und Nebensaison unterschieden.

**Fahrtgebiet Mittelmeer**
Zwei-Wochen-Törn einer Sieben-Mann-Crew auf einer sehr gut ausgerüsteten Yacht (13,4 m) mit acht Kojen. Es wird öfter in Buchten vor Anker übernachtet.

| Reisezeit | Hauptsaison (€) | Nebensaison (€) |
|---|---|---|
| Chartergebühr | 5200 | 4000 |
| Charterextras: | | |
| Spi | 150 | 150 |
| festes Beiboot | 100 | 100 |
| Surfbrett | 300 | 300 |
| An- und Abreise | 480 | 480 |
| (2000 km mit 2 Pkw) | | |
| bewachter Parkplatz | 84 | 84 |
| Fahrerlaubnis | 75 | 75 |
| Liegegebühren | 260 | 180 |
| Wasser und Strom | 15 | 15 |
| Treibstoff | 50 | 50 |
| Verpflegung | 1274 | 1274 |
| Seekarten | 50 | 50 |
| Törnführer | 50 | 50 |

In diesem Beispiel müsste jedes Crewmitglied in der Hauptsaison 1155 € und in der Nebensaison 972,50 € für den zweiwöchigen Segeltörn bezahlen.

**Fahrtgebiet Ostsee**

Zweiwochentörn einer vierköpfigen Familie auf einer Yacht (10,3 m) mit fünf Kojen. Es wird jeden Abend eine Marina angelaufen.

| Reisezeit | Hauptsaison (€) | Nebensaison (€) |
|---|---|---|
| Chartergebühr | 3000 | 2400 |
| Charterextra: | | |
|   Schlauchboot | 40 | 40 |
| An- und Abreise | 200 | 200 |
| (1600 km mit 1 Pkw) | | |
| Liegegebühren | 200 | 130 |
| Wasser und Strom | 10 | 10 |
| Treibstoff | 30 | 30 |
| Verpflegung | 728 | 728 |
| 1 Satz Sportbootkarten | 50 | 50 |
| Törnführer | 30 | 30 |

In diesem Beispiel würde der Törn für jedes Familienmitglied in der Hauptsaison 1072 € und in der Nebensaison 904,50 € kosten.

## Die Preiskalkulation des Vercharterers

Bei der Durchsicht der Kataloge und Angebote im Internet stellt der potenzielle Charterer immer wieder fest, dass ein Segelurlaub auf einem gemieteten Schiff keinesfalls die preisgünstigste Urlaubsvariante ist. Der Kojenpreis lässt sich durchaus mit den Kosten einer Hotelübernachtung vergleichen.

Kaum ein Charterer weiß jedoch, welche enormen Investitionen und laufenden Zahlungen ein Vercharterer zu leisten hat. Zusätzlich unterliegt das Chartergeschäft einem nicht unerheblichen unternehmerischen Risiko. Auf der anderen Seite ist die zu erzielende Rendite nicht sehr viel höher als bei einer Geldanlage

mit guter Verzinsung. Überspitzt formuliert kann man den Traum vom Millio-närsdasein eher durch das Waschen von Tellern als durch das Verchartern von Schiffen realisieren!
An zwei Beispielen soll veranschaulicht werden, welche Überlegungen ein Ver-charterer seiner Kalkulation zugrunde legen muss.

**Beispiel 1**
In diesem Beispiel werden die Ausgaben eines Charterbetriebs in einer kroati-schen Marina gezeigt. Die Firma besitzt 13 Segelyachten zwischen 11 und 13 m Länge. Die Anschaffungskosten werden durchschnittlich für eine Yacht von 12 m Länge gerechnet. Sie betragen einschließlich Ausrüstung ca. 190 000 €. Diese Gesamtinvestition von 2 470 000 € soll sich innerhalb von 10 Jahren amortisieren. Der gesamte Kapitalaufwand für die Yachten wurde mit durch-schnittlich 5 % Kapitalverzinsung gerechnet.
Die Kosten für Werbung und Anzeigen würden sich übrigens durch Messe-besuche noch erheblich erhöhen.

| *Ausgaben* | *Euro* | *Ausgaben* | *Euro* |
|---|---|---|---|
| Aufwendungen | | Porto | 4 000 |
| für Material | 40 000 | Telefon/Fax | 3 500 |
| Personalkosten | 55 000 | Sonstige Verwaltungskosten | 4 000 |
| Raumkosten/Mieten | 10 000 | Kfz-Kosten | 10 000 |
| Versicherungen | 25 000 | Reisekosten | 9 000 |
| Haftpflichtversicherung | 4 000 | Vermittlungsprovisionen | 24 000 |
| Liegeplatz-/ | | Abschreibungen | 247 000 |
| Marinagebühren | 45 000 | Kapitalverzinsung | 123 500 |
| Krankosten | 5 000 | | --------- |
| Werbung und Anzeigen | 15 000 | | 624 000 |

Einige der genannten Posten können bei anderen Firmen ganz anders zu Buche schlagen, so z. B. die Reise- und Personalkosten. Diese Ausgaben sind unter an-

derem davon abhängig, ob der Besitzer der Charterfirma selbst in dem Unternehmen mitarbeitet und ob er während der Chartersaison vor Ort wohnt.
Will der Vercharterer außer dem Restwert der Schiffe nach 10 Jahren keinen Gewinn machen und keinerlei Rücklagen bilden, so müssen die 13 Yachten in einer Saison zusammen 624 000 € erwirtschaften. Dies entspricht pro Yacht einer Chartereinnahme von 48 000 €.
Bei einer durchschnittlichen Auslastung von 20 Wochen ergibt sich daraus eine Chartergebühr von 2400 € pro Woche für eine Yacht von 12 m Länge. Nicht berücksichtigt ist die im Heimatland noch anfallende Mehrwertsteuer.
Diese Preiskalkulation ist wichtig für den Vercharterer, um überhaupt zu wissen, welche Kosten dieses Geschäft aufwerfen kann, um auch eventuelle Steuervorteile bewerten zu können.

**Beispiel 2**
In diesem Beispiel soll gezeigt werden, wie man prinzipiell die Charterpreise kalkulieren kann, wenn man gebrauchte Yachten erwirbt. Dann lassen sich die Charterpreise aus einer Kombination aus den bestehenden Preisen am Markt und den Anschaffungskosten der gebrauchten Yachten nebst notwendiger Ausstattung kalkulieren. Aus diesen Werten lässt sich eine Wochenrendite aus der Relation »marktüblicher« Wochenpreis zum Anschaffungspreis errechnen. Überschreitet diese rechnerische Rendite einen bestimmten Wert und wird ein Markt für die Art der Yacht gesehen, kauft die Firma die gebrauchte Yacht. Ergibt sich ein relativ hoher Renditewert, wird der Wochenpreis gesenkt, um einen günstigeren Marktpreis bieten zu können. Es wird also bewertet, in welcher Relation der übliche Marktcharterpreis zum Anschaffungswert der Yacht steht unter Berücksichtigung des Wertverlustes der Yacht. Selbstverständlich existiert hier, abhängig von der Ausstattung, dem Zustand und dem Alter der Yacht eine gewisse Spanne.

# 8. »Ein Seesack für alle Fälle«

## Was vorbereitet und mitgenommen werden muss

### Verpflegung

Nicht umsonst heißt es, dass Essen Leib und Seele zusammenhält. Neben ausreichendem Schlaf ist eine ausgewogene und abwechslungsreiche Ernährung ein wichtiger Faktor für das Wohlbefinden an Bord.

Die Proviantplanung muss bereits zu Hause beginnen. Da es viele Gestaltungsmöglichkeiten eines Segelurlaubs und mindestens ebenso viele Geschmäcker gibt, lassen sich jedoch nur schwer allgemein gültige Regeln aufstellen.

Folgende wichtige Punkte sollten bereits vor Törnbeginn abgeklärt werden:

- Soll abends ein Restaurant aufgesucht und tagsüber an Bord nur kalt gegessen werden?
- Sollen landestypische Spezialitäten an Bord zubereitet oder sollen die Nahrungsmittel von zu Hause mitgebracht werden?
- Handelt es sich um einen Törn bei hochsommerlichen Temperaturen oder ist eher unangenehmes, kaltes Wetter zu erwarten?
- Welche Lieblingsspeisen und -getränke (z. B. Kaffee oder Tee?) bevorzugen die einzelnen Crewmitglieder?

Sind diese grundsätzlichen Fragen beantwortet, ist man bei der Planung schon ein gutes Stück vorangekommen.

Bei der Anreise mit eigenem Pkw kann es sinnvoll sein, bereits zu Hause Proviant einzukaufen. Dadurch kann man zu Törnbeginn Zeit sparen. Außerdem hat man oft bessere und kostengünstigere Einkaufsmöglichkeiten als im Ausland. Während in nördlichen Ländern viele Lebensmittel teurer sind als bei uns, kann in entlegeneren südlichen Revieren die Auswahl beschränkt sein.

In jedem Fall sollte an Bord ein gewisser Basisbedarf an Lebensmitteln und Getränken vorrätig sein, der einen wenigstens für einige Tage von Lebensmittelgeschäften unabhängig macht, da jede noch so exakte Törnplanung von Wind und Wetter über den Haufen geworfen werden kann. So kann es z. B. sein, dass ein Nothafen ohne Einkaufsmöglichkeiten angelaufen werden muss oder dass man so spät in der Marina ankommt, dass die Geschäfte schon geschlossen haben.

## Proviantlisten

Der Einkauf von Lebensmitteln am ersten Urlaubstag kann durch diverse Unwägbarkeiten vereitelt werden: kein Supermarkt in der Nähe, kein Taxi für eine Einkaufsfahrt in den nächsten größeren Ort verfügbar, Geschäftsschluss am Samstagmittag etc. Einige Firmen legen deshalb dem Chartervertrag eine Proviantliste bei, aus der man zu Hause in Ruhe Lebensmittel und Getränke aussuchen kann. Die vor Törnantritt bestellten Waren werden dann nach der Schiffsübernahme »frei Haus« geliefert. Dieser Service ist natürlich nicht umsonst, spart aber Zeit und Stress.

## Tipps

Tüfteln Sie doch einen groben Speiseplan für den ganzen Törn aus. Dieser sollte sich nicht nur auf Raviolikonserven und Bierdosen beschränken! Strengen Sie Ihre Fantasie an und bemühen Sie sich um interessante Gerichte. Die Crew wird es Ihnen danken, wenn eine Hauptmahlzeit aus Vor-, Haupt- und Nachspeise Abwechslung in den Segelalltag bringt! Denken Sie an verschiedene Getränkealternativen zu Bier und Mineralwasser, z. B. Wein, Cola und Malzbier.

Es gibt übrigens spezielle Kochbücher für die »Küche an Bord«. Die liefern Ihnen Anregungen für unkomplizierte Gerichte, die Sie mit einfachen Bordmitteln zubereiten können.

Versuchen Sie möglichst oft frische Lebensmittel und vitaminreiche Kost zu servieren.

Machen Sie sich vor dem Einkaufen detaillierte Gedanken, welche bzw. wie viele Mahlzeiten damit bestritten werden sollen. Errechnen Sie dann die benötigten Mengen möglichst genau aus der Anzahl der Mahlzeiten und der Crewmitglieder.

Scherben an Bord müssen nicht unbedingt Glück bringen. Versuchen Sie deshalb, Getränke und Lebensmittel ohne Glasverpackung zu erstehen.

Überlegen Sie sich einfache und herzhafte Alternativen, wenn die Kombüse wegen Seegang geschlossen werden muss (z. B. Bauernbrot und Landjäger).

Denken Sie an Kleinigkeiten für zwischendurch (Trockenobst, Studentenfutter, Kekse, Schokolade, Müsliriegel, Bonbons, Kaugummi).

Bewahren Sie Lebensmittel wie Margarine und Butter in verschließbaren Dosen auf. Wenn die Alternative besteht, kaufen Sie Lebensmittel in verschließbaren Behältnissen, statt in Verpackungen, die man nur aufreißen oder aufschneiden kann.

Rechnen Sie damit, dass auch der Kühlschrank ausfallen kann. Dann sind Joghurt, Quark und Milch schnell verdorben. Legen Sie sich daher auch einen entsprechenden Vorrat an haltbar gemachten Produkten wie H-Milch an.

Papierverpackungen können an Bord leicht aufreißen oder durchweichen, daher in verschlossenen Kunststofftüten aufbewahren.

Insbesondere bei hochsommerlichen Temperaturen sollte sich ein ausreichender Vorrat an Mineralwasser in Kunststoffflaschen an Bord befinden. Es kann auch zum Kochen verwendet werden.

Machen Sie sich einen Stauplan, damit Sie Zeit und Nerven sparen. Versuchen Sie Ordnung zu halten und stellen Sie alles wieder an den angestammten Platz zurück.

Denken Sie auch an Spülmittel, Lappen, Küchen- und Geschirrtücher für die Arbeit »danach«!

*Internet-Tipp*: Eine Muster-Proviantliste finden Sie unter www.yacht.de.

## Woran muss man sonst noch denken?

### Kleidung

Vor Törnantritt wenden sich unerfahrene Segelnovizen gerne an die gestandenen Seebären unter den Crewmitgliedern mit der Frage: »Welche Klamotten soll ich denn mitnehmen?« Die Antwort hängt von folgenden Faktoren ab:
- Wo wird gesegelt? Nordsee oder Ägäis beispielsweise?
- Zu welcher Jahreszeit wird gesegelt? Im Hochsommer oder im Spätherbst?
- Wie viel Stauraum ist pro Crewmitglied vorhanden?

Sinnvoll ist immer die Mitnahme von Ölzeug, Segelstiefeln und warmer, bequemer und funktioneller Oberbekleidung und Unterwäsche. Mittlerweile gibt es eine sehr große Auswahl in entsprechenden Fachgeschäften. Ein Törn ist keine

Modenschau, d. h. in den Seesack gehören T-Shirt und Jogginganzug statt Bügelfaltenhose, Hemd und Blazer! Denken Sie beim Packen an alle Eventualitäten. Auch in Schönwettergebieten kann das Wetter umschlagen, sodass es tagelang regnet und empfindlich kalt wird!

**Gesundheit**
Bei gesundheitlichen Problemen an Bord muss sich die Crew zunächst immer selbst helfen können. Auch im nächsten Hafen ist nicht eine sofortige ärztliche Versorgung garantiert. Deshalb sollte sich an Bord immer eine entsprechende Ausrüstung mit Medikamenten und Verbandszeug befinden. Lassen Sie sich von Ihrem Arzt oder Apotheker beraten! Mindestens zwei Crewmitglieder müssen Maßnahmen der ersten Hilfe perfekt beherrschen. Ein Buch zum Thema »Medizin an Bord« sollte für alle Fälle mitgenommen werden.
Aus Rücksicht auf die Mitsegler und eigene Gesundheit sollte jeder Törnteilnehmer eventuelle gesundheitliche Beschwerden rechtzeitig vor Törnantritt abklären lassen (Zahnschmerzen!). Crewmitglieder mit chronischen Erkrankungen wie Asthma oder Diabetes sollten sich von ihrem Arzt beraten lassen und einen ausreichenden Medikamentenvorrat mitnehmen. Abzuklären ist auch, ob Impfschutz erforderlich ist. Fragen Sie bei Ihrem Arzt oder örtlichen Gesundheitsamt nach.

**Navigationsausrüstung**
Aus der Inventarliste, die Ihnen der Vercharterer zugeschickt hat, können Sie entnehmen, welche Navigationsausrüstung an Bord vorhanden ist. Wer häufiger chartert, Spaß an der Navigation hat und dabei Wert darauf legt, mit stabilen und zuverlässig funktionierenden Geräten zu arbeiten, deren Handhabung ihm vertraut ist, für den kann es sinnvoll sein, sich eine eigene Navigationsausrüstung zuzulegen. So kann z. B. ein eigenes GPS-Handgerät die zeitaufwändige Einarbeitung in die Bedienung des Bordgerätes ersparen.

**Beschäftigungsmaterial**
Der Törn besteht nicht nur aus Segeln oder Motoren. Überlegen Sie sich, was Sie sonst noch gerne machen würden. Es gibt viele Möglichkeiten: Hören Sie

gerne Musik, dann nehmen Sie einen Walkman mit. Können Sie Gitarre oder Mundharmonika spielen? Besitzen Sie ein entsprechendes musikalisches Repertoire, werden Sie die anderen Törnteilnehmer sicherlich zu Beifallsstürmen hinreißen können. Nehmen Sie sich für ruhige Stunden ein schönes Buch mit und packen Sie auch für gesellige Stunden ein (Karten-)Spiel ein. Kann man in dem Charterrevier angeln oder schnorcheln?

Es gibt viele Möglichkeiten für einen abwechslungsreichen Zeitvertreib. Wer auf einem Hausboot unterwegs ist und gerne Radtouren unternimmt, sollte sich Fahrräder mitnehmen oder mieten. Das bietet die Möglichkeit für interessante Landausflüge.

**Crewliste**

Für Behördengänge aller Art ist die Mitnahme einer vorbereiteten Crewliste in mehrfacher Kopienausfertigung sinnvoll. Darin sollten aufgeführt sein:

- Schiffstyp und -name
- Heimathafen
- Charterzeitraum
- Vercharterer
- Skipper (Name, Anschrift, Geburtsdatum, Staatsangehörigkeit, Reisepass- bzw. Personalausweisnummer)
- Crew (Name, Geburtsdatum, Staatsangehörigkeit, Reisepass- bzw. Personalausweisnummer)

## *Checkliste*

### *Vor Törnantritt zu erledigen*

Arzt-/Zahnarztbesuch
Impfungen erforderlich?
Devisen und Kurstabelle besorgen
Visum beantragen?

### *Was muss mitgenommen werden?*

**Papiere und Dokumente**
Reisepass, Personalausweis (Gültig-
    keitsdauer?), Autopapiere, Führer-
    schein, Grüne Versicherungskarte
Kreditkarte
Internationale Anspruchsbescheini-

gung der gesetzlichen Kranken-
kasse
Crewliste
Chartervertrag (Original und Kopien)
Führerscheine (Segel- und Motor-
boot), Funkzeugnis
Eigenes Logbuch

### Kleidung
Ölzeug, Seglerstiefel, Südwester
Rettungsweste, Lifebelt
Mütze
(Arbeits-)Handschuhe
»Warme« und »leichte« Kleidung
Trainingsanzug
Boots- und Landschuhe
Badesachen, Badeschuhe (gegebe-
nenfalls Seeigel-tauglich!)
Sonnenbrille und -hut
Ersatzbrille
Kindersicherheitsausrüstung

### Haushalt
Kerzen, Zündhölzer
Raumspray
Toilettenpapier
Putzmittel, Lappen
Ggf. kleiner Akkustaubsauger
Nähutensilien, Reparaturset für
Ölzeug
Schlafsack, Bettlaken, Kopfkissen
Wäscheklammern

### Verschiedenes
Navigationsdreiecke, Zirkel, Radiergummi, Bleistifte, Spitzer

Seekarten in Kunststoffhüllen
Seehandbuch, Jachtfunkdienst, Törn-
führer
Fernglas, Handpeilkompass, Mini-
kompass, GPS-Handgerät
Seenotsender
Stoppuhr
Taschenrechner
Mehrsprachiges Seglerlexikon,
Wörterbuch
Reise- und Kulturführer, Unterhal-
tungsliteratur
Seglermesser, Schäkel, Ersatzteile,
Stromprüfstift, -birne
Schraubendreher, Rohr- und Kombi-
zange, Schraubenschlüssel
Schlauchansatzstücke für verschie-
dene Wasseranschlüsse
Schlauchschellen in verschiedenen
Größen
Reservebändsel, Tape
Taschenlampe
Suchscheinwerfer
Fotoausrüstung
Taucherbrille, Flossen, Schnorchel
Musikinstrument
Spiele
Angelzeug
Radio
Walkman, tragbarer CD-Spieler
Surfbrett mit Befestigungsgurten
Reisewecker
Geldbörse für die Bordkasse
Ersatzbatterien

**Waschutensilien und Apotheke**
Waschzeug, Rasierzeug
Handtuch, Badetücher
Papiertaschentücher, Kleenex
Sonnencreme (A und B) mit mög-
   lichst hohem Schutzfaktor
Insektenschutz
Persönliche Medikamente
Bordapotheke

**Kombüse**
Verpflegung und Getränke
Thermoskanne, Warmhaltegefäß
Gefrierdosen

Reibe, Sieb, Messbecher
Korkenzieher, Dosenöffner, Flaschen-
   öffner
Schere, Messer (1 großes und 1 klei-
   nes scharfes), Schneidebrettchen
Teesieb, Kaffeefilter, -tüten
Plastiktüten, Müllbeutel, Alufolie,
   Haushaltsrolle
Spülmittel
Küchenhandtücher, Putzlappen
Gummihandschuhe
Gasanzünder
Bord-Kochbuch

**Vor dem Auslaufen zu erledigen**
Handy-, Festnetztelefon- und Faxnummern und Anschrift, unter denen man die
Charterfirma im Notfall, am Wochenende oder an Feiertagen erreichen kann.

**Was muss während des Törns erledigt werden?**
Bestätigung der Rückflugzeit des Charterfluges (nur innerhalb eines bestimmten Zeitraums vor der geplanten Abreise möglich, siehe Flugticket), da eine
kurzfristige Änderung der Abflugzeit möglich ist. Einige Charterfirmen bieten
diesen Anruf als Serviceleistung an. Da ein Flug aber auch vorgezogen oder der
Segler dann eventuell von der Charterfirma darüber nicht rechtzeitig informiert
werden kann, sollte man die Rückbestätigung seines Charterfluges immer selbst
vornehmen, was aber im Handy-Zeitalter kein Problem mehr darstellen dürfte.

*Internet-Tipp*
Eine Packliste für den Chartertörn findet man unter www.yacht.de.

# 9. »Check it out«

## Die Übernahme des Charterbootes

### Ratschläge für die Übernahme

Die Übernahme des Charterschiffs erfüllt mehre Funktionen:
- Kontrolle der Ausrüstungsgegenstände anhand der Inventarliste auf Vollständigkeit.
- Überprüfung von Schiff und Ausrüstung auf Defekte.
- Technische Einweisung und Funktionsprüfung von Motor, elektrischen Anlagen, Sicherheitseinrichtungen und Segelbedienung.

Folgende Punkte sind wichtig:
- Bei der Übergabe sollten sich maximal drei Personen an Bord befinden: der Mitarbeiter der Charterbasis, der Skipper und gegebenenfalls sein Stellvertreter.
- Das Gepäck der Crew wird erst *nach* dem Eincheck an Bord gebracht und gestaut. Während der Übernahme kann die Crew einkaufen, bummeln oder Kaffee trinken gehen.
- Die Übernahme sollte gründlich und gleichzeitig einigermaßen zügig und zielorientiert, aber ohne jede Hektik vonstatten gehen. Lassen Sie sich als Skipper weder vom Vercharterer (»Es warten noch zehn andere Besatzungen auf ihre Schiffsübergabe ... die wollen heute auch noch fertig werden und ablegen«) noch von der eigenen Crew (»Wann geht's denn endlich los? Du hältst uns doch nur auf mit deiner Pingeligkeit. Das ist doch schon alles bei der Bootsrückgabe unserer Vorgänger überprüft worden«) antreiben.
- Großer Wert sollte auf die Einweisung in die Bedienung von Notpinne, Segel- und Reffeinrichtungen, WC, Herd, Signalmittel, Rettungsinsel etc. gelegt werden. Die detaillierte Einarbeitung z. B. in die elektronische Navigationsausrüstung erfolgt später im Eigenstudium anhand der Bedienungsanleitung.

- Nach Möglichkeit lässt man sich bei einer kurzen Probefahrt mit dem Vercharterer die Bedienung von Boot, Motor und allen wichtigen Instrumenten unter Praxisbedingungen zeigen. Um den Motor etwas genauer zu prüfen, steuern Sie das Getriebe mehrmals um und lassen den Motor auch einmal ein kurzes Stück mit Höchstdrehzahl laufen. Stehen Sie nicht abseits bzw. schauen Sie dem Mitarbeiter der Charterbasis nicht nur tatenlos zu, wenn er Ihnen etwas praktisch demonstriert, sondern führen Sie alle Handgriffe, die er Ihnen zeigt, auch einmal selbst durch.
- Stellen Sie zu allen Punkten, die Ihnen unklar sind, Fragen wie: »Kann der Kühlschrank nur unter Maschine oder auch im Batteriebetrieb, wenn ja, wie lange, laufen?«
- Über Mängel und fehlende Gegenstände wird ein Protokoll angefertigt, das unbedingt auch vom Vercharterer unterschrieben werden muss. Alle zum Zeitpunkt der Übergabe bestehenden Schäden und fehlenden Ausrüstungsteile können sonst, wenn sie erst später bzw. bei der Rückgabe des Bootes auffallen, zu Lasten des Charterers gehen. Wollen Sie für Kratzer in der Bordwand oder Risse im Segel, die Ihre Vorgänger verursacht haben, haftbar gemacht werden oder das Fernglas, das einem Mitglied der Vorcrew ins Wasser gefallen ist oder als »Erinnerungsstück« mitgenommen wurde, ersetzen? Ist das Schiff nicht richtig sauber gemacht, sollten Sie den Vercharterer ebenfalls darüber informieren.
- Erfahrene Charterkunden besitzen noch eine persönliche Checkliste, ähnlich der Übernahmecheckliste (s. d.). Entsprechende Listen findet man auch im Internet z. B. unter www.yacht.de oder www.duesselyacht.de.

## *Übernahmecheckliste*

**Dokumente**
Schiffspapiere, Chartererlaubnis, Versicherungsnachweis, Frequenzzuteilungsurkunde (Funk)
Bedienungsanleitungen (Motor, elektronische Navigationsausrüstung, Kühlschrank)
Logbuch

**Bootsdaten**
Länge, Breite, Tiefgang, Masthöhe (Brücken!)
Länge der Ankerkette
Füllmengen von Treibstoff, Frischwasser und Abwassertank

## Decksausrüstung

Decksbeschläge (Umlenkrollen und
  -blöcke intakt?)
Winschen (Mechanik o.k.? Kurbeln
  vollzählig?)
Festmacher, Leinen und Schoten
  (Anzahl, Länge, Stärke, Zustand?)
Fender
Anker, Zweitanker; Funktionieren des
  Ankerspills
Bootshaken, Pütz, Schrubber, Feudel,
  Eimer
Flaggenstock, (Gastlands-)Flaggen
Sonnensegel
Einfüllstutzen für Treibstoff- und Trink-
  wassertank, Trichter. Vorsicht: Nicht
  immer sind die Deckel der Einfüllstut-
  zen entsprechend beschriftet (»fuel«
  oder »water«). Verwechslungsgefahr!
  Wasserschlauch?

## Ruderstand

Notpinne. Steuerrad ohne Spiel?
Anlassmechanik des Motors,
  Schaltung
Instrumente. Betriebsstundenzähler:
  Stand notieren!
Signalhorn
Positionslaternen (Ersatzbirnen?)

## Motor

Treibstoff
Drehzahl bei Marschfahrt bzw. Höchst-
  geschwindigkeit? Treibstoffver-
  brauch?
Schraube: rechts- oder linksdrehend?
Normalwerte für Motortemperatur und
  Öldruck

Motor- und Getriebeöl (Messstab, Ein-
  füllstutzen, Reserveöl, wann nach-
  füllen?)
Wellenlager (wann nachschmieren?
  Schmierbuchsen, Schmierstoff?)
Kühlwassersystem (Ein- und Austritt,
  Sieb?)
Treibstofffilter
Keilriemen
Wasserpumpe
Ersatzteile, Werkzeug, Kanister,
  Ölkanne, Trichter, Lappen

## Segel und Rigg

Fallen, Wanten und Stagen überprüfen
Segel kontrollieren bzw. zur Probe
  setzen
Reffeinrichtung ausprobieren
Ersatzmaterial (Schäkel, Bändsel etc.)

## Sicherheitsausrüstung

Rettungsbojen, Rettungslicht (prüfen)
Rettungswesten (Ersatzpatronen?),
  Lifebelts
Wurfleine
Feuerlöscher (verplombt? Prüfdatum?
  Bedienung?)
Rettungsinsel (Prüfdatum?)
Seenotrettungsmunition (Verfalldatum?)
Hauptschalter Gas und Elektrik
Unterbrechungsschalter für Treibstoff-
  versorgung
Ankerball, Signalkörper
Treibanker, Radarreflektor, Nebelhorn,
  Handlampe
Beiboot (Schlauchboot aufblasen und
  einige Zeit liegen lassen, dicht?
  Zubehör wie Riemen etc.?)

Außenborder (Ersatzzündkerzen, Zünd-
  kerzenschlüssel, Reservekanister)
Badeleiter, Strickleiter

## Navigation
Elektronische Navigationsgeräte
Echolot
Handpeilkompass
Seekarten (Gebiet? Letzte Berichti-
  gung?)
Kurs- und Anlegedreieck, Bleistift,
  Radiergummi, Kartenzirkel
Seehandbücher, Törnführer, Leuchtfeu-
  erverzeichnis, Gezeitentafeln
Fernglas
Tafel mit Schall- und Sichtsignalen

## Funkausrüstung
Funkanlage für Seefunk / Binnenschiff-
  fahrtsfunk (Bedienung, Rufzeichen)

## Elektrische Anlage
Batterien (Ladezustand? Pole gefettet?)
Sicherungskasten mit Verzeichnis der
  einzelnen Sicherungen (Ersatzsiche-
  rungen?)
Ladegerät, Kabel für Landanschluss

## Kajüte
Schlafsäcke, Kissen, Decken, Bettzeug
Radio (zum Empfang von Seewetterbe-
  richten geeignet?)
Barometer
Thermometer
Borduhr
Innenbeleuchtung

## Kombüse
Geschirr, Besteck, Töpfe (s. Inventar-
  liste)
Gasvorrat bzw. Ersatzgasflasche
Gasherd, Backofen, Grill (Bedienung?)
Kühlschrank, -box
Warmwasserboiler

## Sanitäre Anlagen
Waschbecken (Ventile)
Wasserpumpe
Dusche
Toilette (Ventil-Absperrhahnbetätigung)
Funktion Fäkalientank
Anschluss für Rasierapparat (Stromart,
  Spannung?)

## Rumpf
Seeventile und Bilgenstand
Lenz- und Bilgepumpen

## Betrieb
Anzeige für Treibstoffvorrat
Anzeige für Trinkwasservorrat
Heizung (System, Bedienung,
  Gefahrenquellen, Ent- und
  Belüftung)

## Sonstiges
Schlüssel (Motor, Backkisten,
  Steckschott, Einfüllstutzen für Tanks)
Verbandskasten, Bordapotheke
Bootsmannsstuhl
Wantenschneider
Telefonnummer (Handy) des
  Vercharterers

# 10. »Vom Skipper und seiner Crew«

## Bordleben mit Harmonie und Wellenschlag

### Der erste Tag

Seit Wochen freut sich die Crew auf den Törn. Urlaubsreif kommt sie nach der Anreise in der Charterbasis an. Ab diesem Moment steigt die Erwartungshaltung gewaltig: »Endlich da, jetzt geht's aber los!« Wie auf Knopfdruck sollen Segelabenteuer, Urlaub und Erholung beginnen. Womöglich ist geplant, bereits den ersten Tag durch ein ausgiebiges Segelprogramm auszunutzen, da man ja auch für ihn »voll« bezahlt hat.

Bei dieser Einstellung können manche späteren Ärgernisse und Probleme bereits vorprogrammiert sein. Will man den späteren Urlaubserfolg nicht schon am ersten Tag gefährden, sollte man diesen Tag in Ruhe angehen und sich ein überschaubares Programm zurechtlegen. Dazu gehören zwei wichtige Punkte:

- Gründliche Übernahme des Schiffs von dem Vercharterer. Denn was bei einer eiligen, oberflächlichen Übergabe übersehen wird, kann einen hinterher teurer zu stehen kommen als die Chartergebühren für den ersten Tag. Deshalb kontrollieren Sie alles in Ruhe, und beginnen Sie erst dann, die Sachen an Bord zu bringen. Jeder räumt seine Sachen in die ihm zugewiesene Koje, während sich der Skipper schon langsam mit den Einzelheiten des Bootes vertraut macht.
- Einweisung der Crew in Schiff und Sicherheitsfragen

#### Einweisung der Crew

Nun ist es unerlässlich, für alle Crewmitglieder eine Art Einweisung zu geben. Dabei stehen alle wichtigen Dinge wie Rigg und Segel (welches Fall für welches Segel, wie wird gerefft etc.?), Motor (wie wird gestartet, gestoppt, Dekompressor, Marschfahrtdrehzahl?), WC, Seeventile, Lenzpumpe (wo befindet sie sich, wie wird sie bedient?), Gasherd etc. auf dem Programm. Außerdem gehört die Erklärung der Sicherheitsmittel dazu. Es reicht nicht, wenn jeder weiß, wo die Schwimmwesten sind; jeder bekommt eine eigene, die er gleich auf die richtige Größe einstellen muss. Gleiches gilt für den Lifebelt. Am besten verstaut dann jeder die – zweckmäßigerweise mit farbigem Klebeband markierte – eigene Ausrüstung so, dass sie jederzeit leicht erreichbar ist, etwa in der Nähe der eigenen Koje.

Nun muss noch die Bedienung von Rettungsschwimmkörper, Rettungsinsel und Beiboot erklärt werden. Es sollte jeder wissen, wo sich Signalraketen, Feuerlöscher, Nebelhorn, Verbandszeug, Medikamente, Stablampe etc. befinden und wie sie funktionieren. Wichtig ist auch, dass jeder Mitsegler weiß, wo die Hauptschalter für Gas und Elektrizität sind und in welchen Fällen sie abgestellt werden müssen.

### Seenotrollen einteilen

Für den Seenotfall hat es sich bewährt, schon vorher verschiedene Seenotrollen einzuteilen. Hierbei wird festgelegt, wer im Seenotfall was zu tun hat.

### Mann-über-Bord-Manöver üben

Wenn dies alles geschehen ist, wird der erste Tag sicher schon halb vergangen sein. Die noch verbleibende Zeit kann genutzt werden, um das Boje-über-Bord-Manöver sowohl unter Segel als auch unter Motor zu üben. Andernfalls tun Sie das sofort nach dem Auslaufen. Dabei soll jeder potenzielle Rudergänger einige Versuche unternehmen und sich auch Gedanken über die Bergung machen.

### Tipps einholen

Wenn Sie nun an diesem Tag nicht mehr auslaufen wollen, genießen Sie den Abend und sehen sich den Hafen und die Stadt an. Kommen Sie mit anderen Seglern ins Gespräch, dann fragen Sie nach lohnenswerten Häfen, guten Ankerbuchten oder wie das Wetter werden soll. Sie werden manch interessanten Tipp erhalten.

### Bewältigung von Problemen und Konflikten an Bord

Prinzipiell gilt: Werden die Spielregeln rechtzeitig definiert, kann viel Ärger vermieden werden. So muss z. B. vor Törnantritt geklärt werden, ob unter Deck Rauchverbot besteht. Die Besatzung des Charterschiffs sollte sich einig sein, dass beim Auftreten von Problemen aller Art möglichst frühzeitig rational diskutiert und nicht emotional reagiert wird. Sinnvoll kann auch ein gemeinsamer Ausflug vor dem Törn sein, um das Gruppen- bzw. Zusammengehörigkeitsgefühl zu stärken (»Einer für alle, alle für einen!«).

## Aufgabenverteilung

Der Skipper trägt, wie der Kapitän in der Berufsschifffahrt, die volle Verantwortung für die Besatzung und das Boot.

### Qualitäten des Skippers

Skipper muss keinesfalls unbedingt derjenige sein, der als »Spezialist für formelle Fragen« den Chartervertrag unterschrieben hat. Er sollte der seglerisch Erfahrenste der Chartercrew sein, entsprechende Autorität besitzen und als »informeller Führer« von der gesamten Crew für seinen »Job« gewählt und anerkannt werden. Außerdem ist es für ihn und das Zusammenleben an Bord von Vorteil, wenn er über Eigenschaften wie Entscheidungsfreudigkeit, Durchhaltevermögen, Intelligenz, ein gewisses Durchsetzungsvermögen, das aber nicht mit Rücksichtslosigkeit verwechselt werden darf, und Verantwortungsgefühl verfügt. Ein guter Skipper zeichnet sich nicht dadurch aus, dass er bei Flaute die Crew mit lautstarken Kommandos scheucht, sondern in kritischen Situationen mit Ruhe und Übersicht die richtigen Entscheidungen fällt und durchsetzt.

### Wer entscheidet was?

Trotzdem sollte an Bord Demokratie herrschen, d. h. die Crew sollte gemeinsam beschließen, wohin gesegelt wird, wo man ankert, wann Hafentage eingelegt werden und wie der Speiseplan aussieht. Schließlich handelt es sich um einen gemeinsamen Urlaub, für den die Crewmitglieder auch entsprechend tief in die Tasche gegriffen haben, und nicht um eine militärische Übung. Nur Entscheidungen im Zusammenhang mit Sicherheitsfragen, etwa wann gerefft und wann Rettungswesten und Lifebelts getragen werden oder wann und ob ein Schutzhafen anzulaufen ist, trifft allein der Skipper. Auch bei Hafenmanövern ist kein Platz für Diskussionen. Vernünftige Ratschläge dazu sind allerdings immer angebracht, und ein guter Skipper wird sie auch annehmen, wenn er sie für brauchbar hält.

Um jedes Crewmitglied am richtigen Platz einsetzen zu können, muss sich der Skipper nach den jeweiligen Fähigkeiten (Segelscheine, Meilennachweise) sowie eventuellen Handikaps (schlechtes Sehvermögen, Farbblindheit) erkundigen und sich danach richten.

**Crew für Spezialbereiche einteilen**
Jedes Crewmitglied sollte, allein oder gemeinsam mit einem anderen Mitsegler, für einen Spezialbereich eingeteilt werden, für den es zuständig und verantwortlich ist – so etwa für Logistik, Motor, Wetterbeobachtung, Navigation, Sicherheitsausrüstung, Kombüsenorganisation, Landgangsplanung, Unterhaltung an Bord etc.
Wichtig ist, für den Skipper einen Stellvertreter zu benennen, der bei Erkrankung oder Abwesenheit des Skippers seine Stelle als verantwortlicher Schiffsführer einnimmt.
Und schließlich: Ein Crewmitglied sollte die Bordkasse verwalten, und ein weiteres Crewmitglied sollte zum Kassenprüfer bestellt werden. Am besten einigt man sich schon vor Törnbeginn darüber, welche Ausgaben aus der Bordkasse bestritten werden (z. B. Essen im Restaurant, hochprozentige Getränke?).

## Wacheinteilung

Neben der Aufgabenverteilung ist eine klare und eindeutige »Dienst- und Freizeitregelung« anzustreben. Dadurch soll jeder an Bord möglichst gleichmäßig und gerecht in den Törnablauf eingebunden werden. Auf diese Weise wird verhindert, dass manche den Törn als reinen Erholungsurlaub auf Kosten der restlichen Crew betrachten und andere permanent als Rudergänger oder Navigator fungieren und sich nicht ablösen oder jemanden anderes teilnehmen lassen wollen.
Es empfiehlt sich daher, einen *Wachplan* aufzustellen, auf dessen Einhaltung der Skipper Wert legen sollte. Darin wird der Tag in mehrere Zeiträume von

meist ein bis sechs Stunden eingeteilt, die so genannten *Wachen*. Zusätzlich setzt man aus der Crew mindestens zwei Gruppen zusammen, die ebenfalls als Wachen bezeichnet werden.

Die jeweilige Wache ist während ihrer Wachzeit für alle routinemäßigen Bordarbeiten wie Rudergehen, Navigieren, Manöver etc. zuständig. Während dieser Zeit befindet sich die Restcrew in der *Freiwache*.

Nach Möglichkeit sollte man sich nach dem Wachplan auch an Liegetagen, vor Anker oder im Hafen und besonders natürlich bei Nachtfahrten richten. So wird der Wachrhythmus für jedes Crewmitglied zur selbstverständlichen Gewohnheit, und täglich neue Diskussionen über das »wie, wann und warum ich« erübrigen sich.

Die Wachen sollten sich täglich verschieben, sodass niemand zwei Tage hintereinander zur selben Zeit Dienst hat.

Einen bewährten Wachplan, der für jede Mannschaft optimal ist, gibt es nicht. *Jede Wacheinteilung hängt von der Crewstärke ab.* So lassen sich beispielsweise bei einer Zehn-Personen-Besatzung mehr als zwei Wachgruppen bilden, sodass mehr wachfreie Zeit für Erholung und Schlaf zur Verfügung steht als bei einer Drei-Mann-Crew.

Bei der Zusammensetzung der Wachen ist ferner zu beachten, dass in jeder Wache jeweils ein erfahrener Segler als *Wachführer* die Verantwortung für Schiff und Besatzung tragen muss.

Viele Skipper haben übrigens die Erfahrung gemacht, dass Ehepaare besser nicht für ein und dieselbe Wache eingeteilt werden.

### Wachplan für eine dreiköpfige Crew

In der Praxis hat sich die Einteilung in eine Haupt-, eine Hilfs- und eine Freiwache bewährt. Bei dieser Regelung geht die Hauptwache Ruder, und die Hilfswache hilft nur bei Manövern oder der Navigation. Die Kombüsenarbeit wird ebenfalls soweit möglich von der Hilfswache erledigt.

Zweistündlicher oder besser stündlicher Wachwechsel verbessert gegenüber seltenerem Wechsel die Konzentration.

Nachts steuert die Hauptwache das Schiff allein. Auch bei sehr leichtem Wind und Seegang ist dabei das Tragen von Lifebelt und Rettungsweste eine Selbstverständlichkeit. Die Hilfswache schläft einsatzbereit, also bekleidet, in der Ka-

jüte und wird bei Manövern geweckt. Die Freiwache dagegen wird nur geweckt, wenn es unbedingt nötig ist.

**Wachpläne für eine vier- bis achtköpfige Crew**
Als Alternativen seien hier drei verschiedene Systeme mit jeweils zwei Wachen
genannt.

- Bei dem traditionellen Wachsystem mit Vierstundenrhythmus beginnt um
  00.00 Uhr die Mittelwache, um 04.00 Uhr die Morgenwache und um
  08.00 Uhr die Vormittagswache, von 12.00 bis 16.00 Uhr dauert die Nachmittagswache. Die erste »Hundewache« endet um 18.00 Uhr, die zweite um
  20.00 Uhr. Durch die Teilung der »Hundewache« in zwei Abschnitte wird die
  Verschiebung der Wachzeiten von Tag zu Tag erreicht. Den Rest des Tages
  füllt dann die Abendwache aus.

- Seglern, die es vorziehen, den gesamten Vor- oder Nachmittag freizuhaben,
  mag das folgende System eher zusagen: Die Vormittagswache beginnt um
  07.00 Uhr und endet um 13.00 Uhr. Die Nachmittagswache dauert bis
  19.00 Uhr. Die Abendwache schließt sich von 19.00 bis 23.00 Uhr an. Die
  Nachtwache ist am darauffolgenden Tag um 03.00 Uhr zu Ende, die Morgenwache um 07.00 Uhr.

- Wenn mehrere Tage durchgesegelt wird, empfiehlt sich das achtstündige
  Wachsystem (00.00 bis 08.00, 08.00 bis 16.00 und 16.00 bis 24.00 Uhr).
  Jede Wache hat also abwechselnd ein- oder zweimal am Tag Dienst. Voraussetzung sind mindestens acht Crewmitglieder. Die vergleichsweise langen Er-
  holungs-(Schlaf-)pausen ermöglichen eine physiologisch effektivere Rege-
  neration als beispielsweise eine nur vierstündige nächtliche Ruhepause.

- Bei einer ungeraden Anzahl von Crewmitgliedern wechselt die Zusammensetzung der Wachen. Bei einer fünfköpfigen Crew können z. B. jeweils zwei
  Crewmitglieder für vier Stunden Wache gehen. Ein Wechsel wird vorgenommen, wenn die Crewmitglieder eins bis vier durch sind. Dann zieht die Nummer fünf mit der Nummer eins auf Wache und danach der Zweite mit dem
  Dritten. Dadurch wird mehr Vielfalt bzw. Abwechslung erreicht.

## Nachtsegeln

Nachfahrten zählen zu den schönsten und eindrucksvollsten Erlebnissen beim Segeln, eine gute zeitliche Planung und Vorbereitung vorausgesetzt. Einige Segelziele, wie z. B. vom Festland weit entfernte Inseln, sind nur durch einen längeren Schlag mit Nachttörn zu erreichen. Aber auch beim Küstensegeln hat eine Nachtfahrt Vorteile: Bei einem Hin-und-zurück-Törn können so im ersten Drittel ordentlich Meilen gemacht werden, und das Segelrevier für die kurzen Etappen auf dem Rückweg erweitert sich. Wenn unter Termindruck, z. B. wegen der Rückgabe der Yacht, eine oder mehrere Nächte durchgesegelt werden müssen und die Crew relativ unerfahren ist, kann es dagegen sehr stressig werden. Erschöpfung und Übermüdung erhöhen – wie beim Autofahren auch – das Unfallrisiko.

**Einteilung von Wachen**
Von zentraler Bedeutung ist die Einteilung der Wachen (s. d.), die gewöhnlich nach Anzahl, Kompetenz und Erfahrung der Crewmitglieder im Verhältnis zur Länge der Strecke vorgenommen wird. Außerdem zu berücksichtigen sind »Nachtigallen« und »Lerchen«: Einige Segler sind abends lange munter, andere sind fröhliche Frühaufsteher. Um nachts aber auch wirklich fit zu sein, ist es vorteilhaft, den Wachrhythmus spätestens einen Tag vorher einzuüben – Freiwachen sitzen dann nicht mehr im Cockpit, sondern legen sich zum *Schlafen* in die Koje.

Obwohl es kein allgemein gültiges, optimales Wachsystem gibt, sollte ein System mit kürzeren Nachtwachzeiten bevorzugt werden, um die Konzentrationsfähigkeit und Wachsamkeit auf einem hohen Level zu halten. Bei entsprechend großer Crew bleibt der Skipper wachfrei. In Zweifelsfällen über die Einschätzung einer Situation kann und sollte er aber geweckt werden, um eine Entscheidung zu treffen. Ein Wachführer in einer Chartercrew hat normalerweise nicht die gleiche Segelerfahrung wie der Skipper. Er sollte nicht befürchten, als inkompetent angesehen zu werden, wenn er den Skipper rechtzeitig zur Lösung des Problems hinzuzieht. Ganz im Gegenteil muss der Skipper sich darauf sogar verlassen können! Wirklich inkompetent ist es, so lange zu zögern, bis nur noch ein Notmanöver angeordnet werden kann, oder eine Unsicherheit nicht zugeben zu wollen und ohne Rücksprache eine – möglicherweise falsche – Entscheidung zu treffen.

**Was hat eine Nachtwache zu tun?**
Genau wie auch am Tage muss sich die Nachtwache auf die Schiffsführung konzentrieren und sollte nicht allzu lange träumend den Sternenhimmel betrachten. In der Funktion als Ausguck müssen der Schiffsverkehr beobachtet und Leuchtfeuer mit der Stoppuhr identifiziert werden. Bei Dunkelheit ist das im Prinzip recht einfach, weil Lichterführung und Kennung eindeutig sind. Etwas schwieriger wird es jedoch z. B. vor einer dicht bewohnten Küste, wo im Lichtermeer der Lampen und Scheinwerfer ein Schifffahrtslicht kaum noch auffällt. Zudem ist es Übungssache, bei großen Schiffen anhand der Positionslampen deren Kurs festzustellen und Entfernungen richtig einzuschätzen.
Da es ein Fehler wäre, sich nur auf das GPS zu verlassen, muss ständig mitgekoppelt werden, d. h. stündliche Eintragungen in Logbuch und Seekarte über Schiffsort, Kurs, zurückgelegte Distanz, Uhrzeit sind vorzunehmen. Sofern es Leuchtfeuer gibt (nicht jedes Segelgebiet ist gut bestückt), sollten durch Peilungen Ort, Geschwindigkeit und Kurs kontrolliert werden.
Nachtwache ist außerdem Hörwache: Neben dem Abhören von UKW-Kanal 16 lässt sich nachts vor allem *hören*, ob alles in Ordnung ist. Sich als Nachtwache mit Musik aus dem Walkman über Kopfhörer wach halten zu wollen, ist daher keine gute Idee.
Geschieht etwas Außerplanmäßiges, ist in der Regel der Skipper zu informieren. Das kann z. B. sein: Verschlechterung der Sicht, Windumschwung und Kursänderung; im Einzelnen sollte aber der Skipper seinen Wachen mitteilen, in welchen Fällen er unbedingt geweckt werden will.
Aufgabe der Wache ist auch, die Ablösung zu wecken. Vorher sollte mit allen Seglern abgesprochen worden sein, ob sie lieber eine halbe Stunde oder eine Viertelstunde vor Wachantritt geweckt werden wollen und ob mit Kaffee oder Tee. Denn das gehört auch dazu: Üblicherweise werden für die nächste Wache frische Heißgetränke und ein kleiner Snack zubereitet.
Bei der Wachübergabe sollten alle wichtigen Informationen über Standort, Kurs usw. mitgeteilt werden, und um Missverständnisse auszuschließen, sollte der vielleicht noch etwas schlaftrunkene Rudergänger den Kurs laut wiederholen.

**Was ist vorzubereiten?**

Zunächst ist der Wetterbericht zu verfolgen. Für einen ersten Nachttörn emp-fiehlt sich eine stabile Wetterlage. Andererseits: Welche erfahrene Crew würde freiwillig im Urlaub ohne Zeitnot bei Starkwind und heftigen Schauerböen nachts segeln wollen? Wenn wettermäßig alles klar ist, kann es fast schon los-gehen. Fast:

- Vorher sollten nur noch schnell die benötigten Seekarten herausgesucht und in der richtigen Reihenfolge auf den Navigationstisch gelegt, Kurse und Wegpunkte in den GPS-Empfänger eingegeben, Kennungen von Leuchtfeu-ern herausgesucht und das Leuchtfeuerverzeichnis bereit gelegt und Häfen auf der geplanten Route daraufhin überprüft werden, ob sie nachts prob-lemlos anzulaufen sind.

- Segelmanöver sollten ebenfalls vorher besprochen werden und ab welcher Windstärke gerefft werden soll (lieber zu früh als zu spät!).

- Auf und unter Deck ist – wie tagsüber auch – alles segelfest zu stauen und aufzuräumen, Luken und Seeventile sind zu schließen.

- Alle Crewmitglieder sollten die Leesegel für ihre Kojen klar machen und ihre persönlichen Ausrüstungsgegenstände für die Nacht griffbereit haben, d. h. Ölzeug, Rettungsweste und Lifebelt, warme Kleidung, Taschenlampe und Sonstiges.

- Die Innen- und Instrumentenbeleuchtung sollte, um die Nachtsichtfähigkeit nicht zu beeinträchtigen, auf Rotlicht umgestellt werden.

- Was unterwegs im Cockpit benötigt wird, wird dort bereitgelegt, damit es zur Hand ist, z. B. Fernglas und starke Taschenlampe.

- Sehr wichtig: Funktionstest aller Schiffslampen durchführen und – falls nicht fest installiert – Radarreflektor möglichst hoch im Rigg und in horizontaler Ausrichtung setzen!

**Sicherheitsregeln beim Nachtsegeln**

Obwohl die Gefahr des Überbordgehens nachts nicht größer ist als tagsüber, sind die Rettungsbedingungen durch die Dunkelheit erschwert. Alle Wachgän-ger sollten daher im eigenen Interesse ein paar Regeln befolgen, um eine solche Situation zu vermeiden.

Das Tragen von Rettungsweste und Lifebelt mit eingepickter Sicherheitsleine sollte selbstverständlich sein (wird in der Praxis jedoch häufig belächelt – lächeln Sie einfach zurück!).

Kein Wachgänger geht an Deck, außer es sind Arbeiten an Mast und Segeln auszuführen, aber auch das geschieht grundsätzlich mindestens zu zweit und mit am Schiff eingepickter Sicherheitsleine. Es wird ausschließlich das Bord-WC benutzt – die Reling ist tabu!

Alle Crewmitglieder müssen wissen, wo sich die Rettungsmittel befinden und wie die MOB-Taste am GPS funktioniert (»man over board«).

Um sich im Fall des Überbordgehens für die anderen sichtbar zu machen, sind am Ärmel zu befestigende Blitzleuchten oder auch Signalstifte mit Rundmagazin sinnvoll. Zumindest diese zuletzt genannten Seenotmittel wird der Charterer selten oder nie auf einem Schiff vorfinden – hier heißt es, persönlich vorzubeugen!

## Tipps zum Thema »Essen und Trinken«

### Regelung der Essenszeiten

Die folgende Essenszeitregelung hat sich als praktisch erwiesen und verhindert, dass die Kombüsenarbeit immer an den Frauen hängen bleibt:

Die ablösende Wache bereitet das Essen zu, deckt den Tisch und isst jeweils eine halbe bis ganze Stunde vor der Wachübernahme: um etwa 06.30 Uhr Frühstück, 12.00 Uhr Mittagessen und um 18.00 Uhr Abendessen. Die abgelöste Wache speist nach der Wachübergabe, deckt den Tisch ab, wäscht das Geschirr ab und räumt auf.

### Mahlzeiten aus der Thermoskanne

Ein Tipp zum Kochen, wenn Sturm bevorsteht:

Gerade bei stürmischem Wetter findet sich oft keiner, der gewillt ist, unter Deck eine warme Mahlzeit zuzubereiten: entweder weil ihm schon schlecht ist oder weil ihm spätestens unter Deck übel werden würde. Deshalb empfiehlt es sich, schon vorher so genannte Thermoskannen-Mahlzeiten zuzubereiten. Im einfachsten Fall ist das nur ein heißer Tee oder eine Brühe, was bei Kälte auch schon sehr gut tut; aber auch ein deftiges Eintopfgericht eignet sich für die Aufbewahrung in einem Thermosgefäß. Da man es allerdings nur selten in den Kombüsen von Charterschiffen findet, sollte man es von zu Hause mitbringen. Als Gerichte für Warmhaltegefäße eignen sich zum Beispiel:

### Hühnersuppe mit Ei

- *1 Dose klare Hühnerbrühe (oder 1 Brühwürfel und entsprechend Wasser)*
- *1 kleine Dose Gemüse (Erbsen, Karotten etc.) Eier*
- *Gewürze*

Suppe und Gemüse erhitzen, die mit den Gewürzen verquirlten Eier unterrühren und das Ganze in Warmhaltegefäß füllen.

### Reis mit Tomatenfleischsoße

- *2 kleine Dosen geschälte Tomaten*
- *1 Dose Rindfleisch*
- *1 kleine Zwiebel*
- *2 Kochbeutel Reis (je nach Größe von Crew und Thermosgefäß)*
- *Salz, Pfeffer, Oregano, 1 Döschen Tomatenmark, etwas Öl*

Reis kochen. Zwiebelwürfel in Öl anbraten, Tomaten, Rindfleisch, Tomatenmark und Gewürze zugeben. Soße mit dem Reis vermischen und in Warmhaltegefäß füllen.
Durch die Verwendung von Nudeln statt Reis kann das Gericht abgewandelt werden.

### Gemüsetopf mit Würstchen

- *1 Dose Bockwürstchen*
- *1 Dose Gemüse*
- *Salz, Pfeffer, etwas Fett und Mehl*

Würstchen klein schneiden und mit Gemüse erhitzen. Aus dem Gemüsesaft und dem Mehl eine eingedickte Soße bereiten und unterrühren. Mit Salz und Pfeffer abschmecken.

### Rührei mit Schinken und Zwiebeln

- *8 Eier*
- *2 Zwiebeln*
- *1 Portion Schinkenwürfel*
- *Salz, Fett*

In der Pfanne in etwas Fett Schinken- und Zwiebelwürfel anbraten, geschlagene Eier unterrühren. Warten, bis die Eier gestockt sind, salzen und in Warmhaltegefäß füllen.

### Baked Beans

- *2 Dosen Baked Beans*
- *Gewürze, Weißbrot*

Bohnen erhitzen, nachsalzen und in Warmhaltegefäß abfüllen. Dazu passt (am besten frisches) Weißbrot.

**Alkohol an Bord**

Zweifellos tun ein kühles Bier in großer Hitze und ein heißer Grog bei unfreundlichem Wetter sehr gut. Doch sich danach besser zu fühlen, ist nur ein vorübergehender Zustand. Alkohol in jeder Form putscht kurzzeitig körperlich wie auch geistig auf, bewirkt dann aber eine rasche, um so stärkere *Ermüdung mit Leistungsabfall.*

Jedem ist bekannt, dass Alkohol, besonders in größeren Mengen, das *Reaktionsvermögen* herabsetzt. Man überschätzt seine Leistungsfähigkeit und unterschätzt den Ernst bestimmter Situationen. Das hat zur Folge, dass in Gefahrensituationen nicht mehr vernunft- und sachgemäß gehandelt werden kann.

Die *körperliche Beeinträchtigung* in Form des unsicheren Ganges und unsicherer Handgriffe erhöht die Unfallgefahr (Stürze, Überbordfallen bei Vorschiffsarbeiten). Da Alkohol, besonders Bier, außerdem die Blasentätigkeit anregt, kommt das *Überbordpinkeln* als weiteres *Risiko des Überbordfallens* hinzu.

Es ist ein Irrtum zu glauben, Alkohol mache »warm«. Das gilt nur für die erste Zeit. Dann erweitern sich die Gefäße und geben die Wärme nach außen ab. Das ist bei Kälte natürlich umso gefährlicher, weil das Temperaturgefälle größer ist. Deshalb sollte man während des Segelns mit *Alkoholkonsum sehr zurückhaltend* sein.

## Kinder an Bord

Ein Familienurlaub unter Segeln kann eine Bereicherung für Eltern und Kinder sein. Voraussetzung: Die Bedürfnisse der »Kinder-Crew« werden in angemessener Weise bei der Planung und Gestaltung des Törns berücksichtigt. Der Verzicht auf ein paar Seemeilen wird dann durch den Zugewinn an Spaß und Erholung doppelt wettgemacht.

Am leichtesten haben es Eltern von *Säuglingen und Kleinstkindern.* Die Schaukelei in Wind und Wellen und die dauernde Nähe der Eltern gefällt ihnen, sie werden in der Regel nicht seekrank und haben altersentsprechend ein hohes Schlafbedürfnis. Die Babypflege ist auf modernen Yachten mit fließend warmem Wasser kein Problem mehr. Als Babybett eignet sich das tragbare Oberteil eines Kinderwagens, für den Landgang ist eine Bauchtrage oder ein Tragetuch praktisch. Bewährt hat sich auch die Mitnahme eines Autokindersitzes, der auf einer Sitzbank unter Deck als Hochstuhl eingesetzt werden kann und im Cockpit als Sicherheitssitz dient (dabei mit der Rückenlehne zum Aufbau des Bootes befestigen).

Kinder im *Krabbel- und Kletteralter* bis ins *Vorschulalter* bedürfen an Bord besonderer Aufmerksamkeit. Ein Elternteil oder ein mitsegelnder Babysitter sollte möglichst ständig frei sein, um sich mit ihnen zu beschäftigen. Da sie sehr schnell ein sicheres Gespür dafür entwickeln, wo die Erwachsenen sie auf gar keinen Fall hinlassen wollen, muss ihr Forschungsdrang und ihre Mobilität durch ein paar Umgestaltungsmaßnahmen und Sicherheitsvorkehrungen an Bord etwas begrenzt werden. Unbedingt sollte die Reling mit einer stabilen Netzbespannung verstärkt werden. Die Kinder müssen stets eine ohnmachtssichere *Rettungsweste* tragen und während der Fahrt im Cockpit und auf dem Deck (falls ihnen erlaubt ist, da unterwegs zu sein) selbst bei leichtem Wind zusätzlich mit einem *Lifebelt* gesichert werden. Wie zu Hause auch müssen Werkzeugkisten, Medikamente, Putzmittel, wichtige Papiere usw. außer Reichweite der Kinder aufbewahrt bzw. so verschlossen werden, dass für die Kinder kein Zugang besteht.

Gute Erfahrungen wurden mit der Einrichtung eines »Kinderzimmers« gemacht. In einer Doppelkoje kann dann auf weichen Polstern gespielt werden. Wichtig: Die Spiele müssen »schiffstauglich« sein, d. h., sie dürfen nicht zu viel Platz einnehmen und müssen zu den Schiffsbewegungen passen – Buntstifte und überhaupt alle spitzen Gegenstände sind also völlig ungeeignet!

Eine besondere Freude machen Eltern ihren Kindern, wenn sie für Hafenaufenthalte oder Ankerbuchten ein Schlauchboot mitmieten, selbst wenn das im betreffenden Seegebiet nicht erforderlich ist. Die Erkundung der Umwelt mittels Eimer, Schaufel, Kescher, Angel und anderen Wasserspielzeugen findet ebenfalls großen Anklang. Bei allen Aktivitäten am Wasser, also auch im Hafen und auf Stegen, sollten Kinder allerdings nie unbeaufsichtigt sein und immer Schwimmwesten tragen.

*Ältere Kinder* sind oft schon in der Lage, an Bord mitzuhelfen. Selbstverständlich müssen auch sie Rettungsweste und bei mehr Wind grundsätzlich einen Lifebelt tragen. Sie lernen schnell, und es ist wichtig, dass man sie ernst nimmt

und mit Aufgaben betraut, die angemessen sind. Man kann ihnen Knoten bei-
bringen oder sie sogar unter Aufsicht an die Pinne lassen.
Für alle Törns mit Kindern gilt: Sorgen Sie für genügend Abwechslung! Nach
3 bis 4 Stunden Segeln haben die meisten Kinder genug und brauchen einen
Badestopp oder Spielplatz an Land, um sich – vorzugsweise mit Gleichaltrigen –
ordentlich austoben zu können. Beliebt und zunehmend nachgefragt ist daher
das Segeln in der Flottille (s. Kap. 1, »Flottillensegeln«). Je älter die Kinder sind,
desto eher werden sie sich einer langweiligen Bordroutine verweigern. Aufga-
benrotation, Erweiterung der Kompetenzen und Verantwortungsbereiche sowie
neue Ideen zur Gestaltung des Bordlebens erhalten hingegen die Attraktivität
des Segelurlaubs.
Generell sollten Kinder *nicht zu lange der Sonne ausgesetzt* werden. Schon bei
geringen Anzeichen von *Seekrankheit* muss ein wirksames Medikament verab-
reicht und das Kind am besten schlafen gelegt werden.

## Verhalten an Bord

Als Charterer sollte man sich an die Regeln und sportlichen Verhaltensweisen
halten, die sich unter Yachtseglern herausgebildet haben. Ein zentraler Punkt ist
dabei die Rücksichtnahme gegenüber anderen Booten und Besatzungen sowie
der Respekt gegenüber Sitten und Gebräuchen in den angelaufenen Ländern.

### Notsignale nur in echtem Seenotfall

Manche Crews beherrschen ihr Schiff seemännisch so wenig, dass sie bei auf-
kommendem Starkwind und höher werdendem Seegang in Panik geraten und
Notsignale geben. Werden sie wahrgenommen, so läuft im Allgemeinen eine
großangelegte Such- und Rettungsaktion an, bei der Hubschrauber und Ret-
tungskreuzer eingesetzt sowie häufig auch Linienschiffe und Frachter in das
betreffende Seegebiet umdirigiert werden.
Oft kommt die Besatzung des »Havaristen« dann aber doch allein mit ihrer
Situation zurecht und erreicht unbeschadet den Hafen.
Wird die Hafenbehörde, Polizei oder Küstenfunkstelle nicht sofort oder gar
nicht vom Ende der vermeintlichen Seenotlage verständigt, läuft die Rettungs-

aktion, ohnehin schon unnötigerweise eingeleitet, nun auch unnötig weiter. Man kann sich das Ausmaß des Schadens vorstellen, der durch dieses Verhalten entsteht.

Deshalb dürfen Notsignale nur dann gegeben werden, wenn ein echter See-notfall vorliegt, das heißt, wenn Yacht und Besatzung von ernster und un-mittelbar bevorstehender Gefahr bedroht sind und wenn Hilfe aus eigener Kraft unmöglich ist.

### »Auf Törn unterwegs? Ruf an zu Haus!«

Manchmal muss die Küstenwache eine Suchaktion starten, weil daheim geblie-bene Angehörige melden, dass der Telefonanruf einer Segelcrew überfällig ist. Es kann vielerlei Gründe geben, dass ein solcher Anruf unterbleibt: Vergesslich-keit, guter Segelwind, Sturm, der abgewettert werden muss.

Um Freunden und Verwandten unnötige Aufregung zu ersparen, sollte man sich bei vereinbarten Anrufen nie auf einen genauen Termin festlegen. Zusätz-lich empfiehlt es sich, auch nach überstandenem Sturm ein Lebenszeichen nach Hause zu geben. Denn dort wird oft das Wettergeschehen in dem betreffenden Seegebiet mit besonderem Interesse verfolgt.

### Verpflichtung zur Hilfeleistung

Empfängt man selbst Notsignale, so ist laut geltendem Schifffahrts- und Straf-recht jeder Skipper verpflichtet, auf See in Not geratenen Menschen Hilfe zu leisten, soweit es mit der Sicherheit der eigenen Crew und des eigenen Schiffes vereinbar ist.

Dabei muss man keineswegs immer gleich an eine sinkende Yacht denken. Ins-besondere im Küstenbereich bedürfen häufig entkräftete Windsurfer, die bei ablandigem Wind nicht mehr das Ufer erreichen können, oder abgetriebene Schlauchbootbesatzungen der Hilfe.

### Verhalten in Häfen und Ankerbuchten

- Möglichst langsam fahren, um Schwell zu vermeiden.
- Skipper, die mit heulendem Motor manövrieren, erregen Ärger.
- In Ruhe einige Runden drehen, um einen Überblick zu gewinnen und nach der günstigsten Anlegestelle Ausschau zu halten.

- Beim An- und Ablegen die Befehle ruhig, aber bestimmt und unzweideutig geben. Lautes Geschrei wirkt auf Zuschauer lächerlich.
- Festmacher und Bootshaken rechtzeitig bereitlegen, das verhindert unnötige Aufregung und Hektik.
- Fender an der Reling festmachen, aber erst kurz vor dem Anlegen außenbords hängen.
- Beim Ankern in Buchten oder im Hafenbecken dafür Sorge tragen, dass andere Boote beim Schwojen nicht beeinträchtigt werden.
- Muss man sich in ein Päckchen legen und beim anderen Schiff längsseits gehen, so holt man vorher die Zustimmung des Eigners oder Skippers ein.
- Beim Landgang die Innenlieger nicht stören. Deshalb geht man am besten über deren Vorschiff, barfuß oder in Bootsschuhen.
- Ankommenden Yachten durch Fangen und Festmachen der zugeworfenen Leinen helfen.
- In fremden Häfen beim Hafenmeister melden, der meist einen Liegeplatz zuweist.
- Auf dem Steg oder auf der Pier Ausrüstungsgegenstände nur soweit ausbreiten, dass andere nicht behindert werden.
- Das Boot nicht verlassen, solange es nicht aufgeklart ist (herumliegende Leinen, Ferngläser oder Handpeilkompasse verlocken potentielle Diebe).
- Abfälle werden in Plastiktüten gesammelt und bei Gelegenheit in dafür bestimmte Müllbehälter geworfen.
- Vor Anker und in Häfen oder Marinas nachts Lärm vermeiden, Rücksichtnahme innerhalb der Crew und gegenüber anderen Besatzungen ist ein Gebot der Höflichkeit. Nur so kann das Zusammenleben mehrerer Menschen auf engem Raum oder das Zusammenliegen vieler Schiffe in einem Hafen einigermaßen harmonisch und ungestört vor sich gehen.
- Fender und Leinen, die während der Fahrt außenbords hängen, lassen auf Anfänger und Schlamperei schließen. Außerdem besteht die Gefahr, dass eine Leine in die Schraube gerät oder ein Fender unbemerkt verloren geht.

## Seekrankheit

Die Seekrankheit gehört zu den Bewegungskrankheiten. Andere Formen dieser so genannten Kinetosen sind die Luft-, Reise- oder Raumfahrtkrankheit. Verursacht wird sie durch starke Reizung des Gleichgewichtsorgans im Innenohr, für die verschiedene Auslöser in Frage kommen. So z. B. schwankende Bewegungen, Drehbewegungen, die sich regelmäßig wiederholen, heftige Beschleunigungskräfte oder entsprechende optische Reize. Entscheidend für das Auftreten der Seekrankheit sind meist zusätzliche Faktoren wie unangenehme Gerüche, Kältegefühl, laute Geräusche, Schlafmangel oder psychische Probleme wie privater Stress oder Angst vor Starkwind, hohem Seegang bzw. vor der Seekrankheit selbst. Wichtig ist:
- Prinzipiell kann jeder seekrank werden! Auch viele Segelprofis und Spezialisten für Hochseerennen müssen spucken!
- Die Anfälligkeit für Seekrankheit ist unterschiedlich ausgeprägt. 15 % sind wenig, 75 % mäßig empfindlich und 10 % haben große Probleme.
- Es gibt kein Patentrezept bzw. Allheilmittel gegen die Seekrankheit.
- Nach durchschnittlich zwei bis drei Tagen hat man sich fast immer an die Schiffsbewegungen gewöhnt und schafft es, durch Ausgleichbewegungen das Gleichgewicht zu halten. Damit hat sich dann auch meist das Problem der Seekrankheit gelöst.

*Formen der Seekrankheit*
Die Seekrankheit kann in verschiedenen Schweregraden auftreten. Sie beginnt immer nach demselben Schema: Zuerst fallen die betroffenen Crewmitglieder durch Blässe auf, dann werden sie kaltschweißig, daraufhin wird ihnen übel und zum Schluss müssen sie brechen. Daneben können noch andere Symptome oder Verhaltensauffälligkeiten auftreten wie z. B. Müdigkeit, Gähnen, Frösteln oder Hitzegefühl, Schwindel, Geruchsempfindlichkeit, Bedürfnis nach Frischluft, erhöhter Speichelfluss oder trockener Mund, Verstopfung, Kopfschmerz, Gereiztheit, Antriebs- bzw. Teilnahmslosigkeit, Erschöpfung, Schwächegefühl.
Bei einer weiteren Verschlechterung kommt es zu mehrfachem Erbrechen, depressiven Verstimmungen, Apathie und allgemeiner Erschlaffung.

Beim »Endstadium«, der so genannten »echten Seekrankheit«, von der aber nur ganz wenige Segler betroffen werden, treten Sehstörungen und starke Kopfschmerzen auf. Schließlich kommt es zum körperlichen Totalausfall bis hin zur Selbstaufgabe.

Je ausgeprägter der Grad der Seekrankheit ist, desto mehr ist folglich die psychische und physische Verfassung des betroffenen Crewmitglieds beeinträchtigt. Dadurch kann es zu nachlassender Sorgfalt, verminderter Spontaneität sowie einer starken Einschränkung motorischer und intellektueller Fähigkeiten mit entsprechenden Konsequenzen für die Arbeit an Deck bzw. am Navigationstisch kommen. Im Extremfall kann ein Crewmitglied, das an echter Seekrankheit mit völligem Erschöpfungszustand leidet, eine Gefährdung für sich und andere darstellen!

*Maßnahmen gegen die Seekrankheit*
Die eigentliche Seekrankheit kann man nicht ursächlich behandeln. Es gibt aber verschiedene Interventionsebenen.
Für Crewmitglieder, die wissen, dass sie für Seekrankheit anfällig sind bzw. Erwartungsangst haben, dass sie seekrank werden:
- Training von Techniken des autogenen Trainings oder der Progressiven Muskelentspannung unter professioneller Anleitung bereits vor dem Törn
- Vor Törnantritt Lektüre von Literatur zum Fahrtensegeln und Revier
- Gemeinsame Routenplanung und Wetterauswertung als vertrauensbildende Maßnahmen
- Gedanken an die Seekrankheit unterbinden und sich stattdessen aktiv mit anderen Dingen beschäftigen oder auseinandersetzen
- Alternative Methoden, wie z. B. Homöopathie, Ingwer, Akupressur: Viele Segler schwören darauf. Die Wirkung ist nicht eindeutig nachgewiesen und beruht womöglich auf einem Placebo-Effekt, was jedoch nicht gegen diese Methoden sprechen muss
- Medikamente: Die Einnahme ist umstritten, weil der Wirkmechanismus zum Teil unklar ist (Placebo-Effekt?) und weil die Nebenwirkungen erheblich sein können (Müdigkeit, Verminderung der Reaktionsfähigkeit, Halluzinationen etc.). Medikamente können nur wirken, wenn sie rechtzeitig (s. Beipackzettel), d. h. vor dem Ablegen oder vor dem Aufkommen von Starkwind einge-

nommen werden. Nach dem Auftreten von ersten Symptomen der See-krankheit ist es in jedem Fall zu spät! Bekannte Wirkstoffe sind Meclozin (z. B. Peremesin®), Cinnarizin (früher Stutgeron®), Dimenhydrinat (z. B: Vomex®, Reisegold®, Reisetabletten®, Superpep® (auch in Kaugummiform erhältlich)), Scopolamin-Pflaster (Scopoderm®)

Alle Crewmitglieder insbesondere zu Törnbeginn prophylaktisch:
- Statt wenigen opulenten mehrere kleine kohlenhydratreiche Mahlzeiten über den Tag verteilt einnehmen. Frische Lebensmittel bevorzugen, Fett und Alkohol meiden. Kaugummi kauen
- Vor dem Auslaufen Kajüte gut lüften, bei Bedarf Geruchskiller benutzen
- Kleidung muss ausreichend wärmen und darf nicht an Bauch und Hals drü-cken
- Bei starken Wind- oder Motorgeräuschen Gehörschutz tragen (z. B. Ohro-pax®)
- Sich nach Möglichkeit mittschiffs aufhalten, weil dort die Schiffsbewegun-gen am geringsten sind. Die größten Bewegungsamplituden treten am Vor-schiff auf
- Arbeiten in der Backskiste und Bilge vermeiden, da bei einer Körperhaltung mit gebeugtem Hals leichter Übelkeit entstehen kann

Spätestens wenn allererste Warnsignale auftreten, die auf einen möglichen Be-ginn der Seekrankheit hinweisen, müssen aktive Gegenmaßnahmen ergriffen werden:
- Die wirksamste »Therapie« ist Ablenkung, z. B. steuern, Decksarbeit verrich-ten (Segeltrimm, Leinen aufschießen), einfache Spiele (»Ich sehe was, was du nicht siehst«) spielen, Geschichten erzählen, bei denen jedes Crewmit-glied eine Fortsetzung erfinden muss, etc. Es geht nicht um das Niveau der Tätigkeit, sondern ausschließlich um den Ablenkungseffekt!
- Nicht unter Deck aufhalten
- Kimm fixieren, Ausguck gehen
- Körperposition: Zwei Haltungen sind günstig. Entweder möglichst mittschiffs liegend (Problem: schlechte Belüftungsmöglichkeit unter Deck bei geschlos-senen Luken) oder weitgehend freistehend an Deck. Dabei Reaktion auf die

anrollenden Wellen durch Gegenbewegungen (Blick auf die Kimm) oder rechtzeitige Einstellung der Körperposition (Blick nach Luv auf die Wellen)
- Entspannung suchen (Autogenes Training, melodische Musik leise mit Walkman hören)
- Sich nicht passiv seinem Schicksal hingeben, sondern sich willentlich der Seekrankheit »entgegenstellen« (»Ich werde bei diesem Törn nicht seekrank«)

Crewmitglieder, die von der echten Seekrankheit betroffen sind:
- Sicherung mit Schwimmweste und Lifebelt
- Nach Möglichkeit ein Crewmitglied zur Betreuung abstellen

## Flaggenführung

In sehr vielen Ländern wird auf korrekte Flaggenführung großer Wert gelegt. Jedes Schiff vertritt den Staat, dessen Flagge es führt. Daraus leitet sich die Verpflichtung ab, zu unterlassen, was dem Ansehen der Flagge schaden könnte. Dazu gehört schon der Zustand der Flagge. Zerfranste, eingerissene oder von der Sonne und Salzwasser verblichene Flaggen sollten an Bord nicht mehr zum Einsatz kommen.

### Nationalflagge
Jede in Dienst gestellte Yacht führt die Nationalflagge des Landes, in dem sie registriert ist, oder die des Heimatlandes des Eigners.
Die Nationale darf nicht gegen eine andere Nationale ausgetauscht werden. Chartert man beispielsweise in der Ägäis ein Boot unter griechischer Flagge und ersetzt diese durch eine andere, etwa die deutsche Flagge, so stellt das einen groben Verstoß gegen das internationale Flaggenrechtsgesetz dar, der entsprechend geahndet wird.
Ebenfalls verboten ist es, neben oder unter der Nationalen noch andere Flaggen oder Wimpel anzubringen. Bei einem Einmaster wird die Nationale am Flaggenstock möglichst in der Heckmitte gesetzt. Bei einer Ketsch oder Yawl wird die Nationale im Besantopp geführt.
Auf See wird die Nationale nicht geführt. Sie sollte gesetzt werden in Hoheits-

gewässern bei Annäherung von Kriegsschiffen und Behördenfahrzeugen, auf Revieren und in der letzten Phase der Hafenansteuerung.
Fährt die Yacht in ausländischen Gewässern, so wird die Flagge des Gastlandes unter der Steuerbordsaling geführt, nie aber die Flaggen zuvor besuchter Länder.
Ist die Yacht bei einem Verein eingetragen, so führt sie dessen Stander Tag und Nacht im Großtopp.

### Flaggenparade

Besonders in skandinavischen Ländern ist der Brauch der Flaggenparade erhalten geblieben: das gemeinsame Heißen und Niederholen aller Flaggen während der so genannten Flaggenzeit. Sie dauert vom 1. Mai bis 30. September von 08.00 Uhr (in den übrigen Monaten von 09.00 Uhr) bis Sonnenuntergang, spätestens bis 21.00 Uhr. Liegen im Hafen Kriegsschiffe, so geben diese den Zeitpunkt des morgendlichen Vorheißens und des abendlichen Niederholens an. Andernfalls richtet man sich nach dem Flaggenmast des ansässigen Segelvereins.
Vorgeheißt wird zuerst die Nationale, dann gegebenenfalls die Gastflagge und zuletzt sonstige Flaggen. Niedergeholt wird in der umgekehrten Reihenfolge.
Befindet sich zur abendlichen Flaggenparade voraussichtlich kein Crewmitglied an Bord, so werden alle Flaggen schon vorher eingeholt.
Eine Vernachlässigung der Flaggenparade gilt als Missachtung der Flagge des Gastlands. Deshalb empfiehlt es sich im Ausland, sich unbedingt den dortigen Gepflogenheiten anzupassen.

### Europaflagge

Die Europaflagge darf nur so gefahren werden, dass Zweifel an der Nationalflagge ausgeschlossen sind (z. B. unter der Saling).

# 11. »Unwissenheit schützt vor Schaden nicht!«

## Informationsquellen für den Charterer

**Vorbemerkung**

- Ein Charterer, der seinen Törn nicht sorgfältig vorbereitet und nicht aktuelle und solide Informationen zu allen wichtigen Themen in diesem Zusammenhang einholt, hat damit gute Chancen, sich den verschiedensten (überflüssigen!) Unannehmlichkeiten auszusetzen. So ist es z. B. kein Problem, sich durch Unkenntnis entsprechender gesetzlicher Vorschriften großzügig bemessene Bußgelder oder zumindest massiven Ärger mit Hafenbehörden oder Zollämtern einzuhandeln und so die schönste(n) Woche(n) des Jahres zum Reinfall des Jahres werden zu lassen.

- Alle Angaben in diesem Kapitel wurden sehr sorgfältig recherchiert und entsprechen dem Stand bei Drucklegung des Buches. Es wird jedoch ausdrücklich darauf hingewiesen, dass sie sich kurzfristig ändern können (z. B. Internet-Adressen)! Deshalb kann für alle gegebenen Informationen keinerlei Gewähr und Haftung übernommen werden.

- Ein wichtiges Ziel dieses Kapitels ist es daher, dem Leser verschiedene Möglichkeiten aufzuzeigen, wie er sich selbstständig und aktuell zu allen charterrelevanten Themen informieren kann.

## *Charterländer*

### Prinzipielles zum Chartern im Ausland

In praktisch allen Ländern dürfen Yachten unter ausländischer Flagge nicht verchartert werden. Ausnahmen sind nur dann möglich, wenn ein offizieller Kooperationsvertrag oder eine ausdrückliche amtliche Genehmigung vorliegt, die der betreffenden Firma eine Schiffsvermietung unter ausländischer Flagge gestattet. Der banale Grund dafür ist, dass jede Regierung das verständliche Bestreben hat, die in ihrem Land erwirtschafteten Beträge auch zu besteuern. Deshalb ist es z. B. nicht erlaubt, dass eine deutsche Yacht, die in Spanien liegt, an Spanier, Deutsche oder andere Ausländer verchartert wird, ohne dass das Schiff offiziell eingeführt und eine Firma nach spanischem Recht gegründet worden ist, die dem spanischen Staat die Bezahlung der Steuern sichert.

Auf diese Problematik sollte man besonders achten, wenn man im Ausland eine Yacht von deutschen Privatleuten chartern will. Hierbei sollte man sich unbedingt versichern lassen, dass es sich um eine behördlich genehmigte Vercharterung handelt. So sollte man auf der Vorlage entsprechender Dokumente (z. B. Chartergenehmigung und Steuerlizenz, Gültigkeitsdauer beachten!) bestehen. Andernfalls muss man, von drakonischen Strafen abgesehen, damit rechnen, dass das Boot beschlagnahmt und an die Kette gelegt wird, weil der Vercharterer weder Steuern noch die jährlich fälligen Anmeldegebühren bezahlt hat.

### Crewwechsel

Soll ein Crewwechsel nicht im Ausgangshafen, sondern in einem anderen Hafen vorgenommen werden, so sollte dies vorher mit dem Vercharterer abgesprochen werden, um keine behördlichen Vorschriften zu verletzen. Der Crewwechsel muss außerdem der Hafenbehörde angezeigt werden. Dabei ist die neue Crewliste vorzuzeigen.

### Passbestimmungen

Jedes Crewmitglied muss, je nach Charterland, einen gültigen Reisepass oder Personalausweis mitführen. Entsprechende Informationen erteilen die Fremdenverkehrsämter.

### Devisenbestimmungen

Die jeweiligen Landesvorschriften bezüglich Ein- und Ausfuhr von Währungsmitteln müssen eingehalten werden, will man sich nicht des Vergehens des Devisenschmuggels strafbar machen. Entsprechende Informationen erteilen die Fremdenverkehrsämter.

### Versicherungspflicht

In manchen Ländern gibt es detaillierte Vorschriften, welchen Versicherungsschutz Vercharterer nachweisen müssen (z. B. EU-Richtlinie zum Pflichtversicherungsschutz für motorgetriebene Wasserfahrzeuge). Dies kann von Versicherungen, die in jedem Fall vorhanden sein sollten, wie Haftpflichtversicherungen, die Personen- und Sachschäden abdecken, bis hin zur Absicherung möglicher Wasserverschmutzung reichen.

An Bord sollten entsprechende Bestätigungen (z. B. mehrsprachiger internationaler Versicherungsnachweis »Blaue Karte«) mitgeführt werden, um einen ausreichenden Versicherungsschutz bei Kontrollen belegen zu können.

**Führerscheinpflicht**
Auf deutschen Gewässern benötigt man zum Führen eines Segel- oder Motorbootes mit einer Maschine mit mehr als 3,68 kW (5 PS) Leistung den *Sportbootführerschein Binnen* (Binnengewässer) bzw. den *Sportbootführerschein See* (Küstengewässer). Ausnahmen:

• Auf bestimmten Gewässern Berlins besteht für alle Boote mit Motor Führerscheinpflicht.

• Auf einigen Wasserstraßen in Brandenburg und Mecklenburg-Vorpommern benötigen Charterkunden im Rahmen eines Modellversuchs keinen amtlichen Bootsführerschein. Ersatzweise kann ein *Charterschein* ausgestellt werden (s. Kap. 1, »Hausboot-Charter«).

In manchen Ländern besteht keine Führerscheinpflicht, jedoch sollte zumindest immer der Skipper einen Führerschein besitzen und mitführen. Andernfalls besteht die Gefahr, dass dem Charterer im Schadensfall grobe Fahrlässigkeit nachgewiesen wird und die Versicherung deshalb die Zahlung verweigert. Bei Unfällen mit Personenschaden muss der Charterer ohne Führerschein (Verletzung der Sorgfaltspflicht!) möglicherweise sogar strafrechtliche Konsequenzen wegen fahrlässiger Körperverletzung befürchten.

Die amtlichen deutschen Führerscheine (*Sportbootführerschein Binnen* bzw. *See, Sportküsten-, Sportsee-* bzw. *Sporthochseeschifferschein*) werden überall anerkannt, die DSV-Verbandsführerscheine jedoch nicht. In manchen Ländern benötigt neben dem Skipper auch der Koskipper eine Segelqualifikation. Es kann sogar die Vorschrift bestehen, dass mindestens ein Crewmitglied ein Funkbetriebszeugnis besitzt. Entsprechende Informationen erteilen die Fremdenverkehrsämter.

## Ein- und Ausreise über See

*Grundsätzliches*

In jedem Land mit Meeresgrenzen gibt es gesetzliche Bestimmungen zur Ein- und Ausreise über See, die beachtet werden müssen. Prinzipiell ist das Ein- und Ausklarieren nur in dafür offiziell vorgesehenen Häfen möglich, die über eine entsprechende Infrastrukur (Hafenamt, Polizei, eventuell Zoll) verfügen. Tipp: Gegebenenfalls sollte man sich genau überlegen, ob man das Segelrevier wechselt, da die Formalitäten bei Passpolizei, Zoll, Hafenarzt und Hafenmeister sehr zeitaufwändig und die entsprechenden Gebühren sehr hoch sein können. Dies gilt z. B. für die Einreise in die Türkei. So empfiehlt es sich zu entscheiden, ob man in griechischen *oder* in türkischen Gewässern segeln will. Entsprechend sollte man in dem jeweiligen Land chartern und das Revier nicht wechseln, auch wenn die Entfernung zwischen den ostgriechischen Inseln und der türkischen Festlandsküste vergleichsweise gering ist.

*Besonderheiten bei EU-Staaten*

- Das Schengener Abkommen erhöht durch den Abbau der Grenzkontrollen zwischen den Binnengrenzen der EU-Staaten die Reisefreizügigkeit erheblich. Innerhalb der so genannten Schengen-Staaten (u. a. Deutschland, Niederlande, Belgien, Frankreich, Portugal, Spanien, Italien, Griechenland, Dänemark, Finnland, Schweden, Norwegen, Island) können die Binnengrenzen an jeder geeigneten Stelle überschritten werden. Nur an den Schengen-Außengrenzen werden weiterhin Grenzkontrollen durchgeführt. Damit sind die Seegrenzen an der Nord- und Ostsee sowie der Nord-Ostsee-Kanal als Außengrenzen des Bundesgebiets definiert, auch wenn in der Praxis selten kontrolliert wird.
- Die Ein- und Ausreise über See ist somit nur an den zugelassenen Grenzübergangsstellen gestattet. Wer also z. B. von Deutschland nach Dänemark segeln will, muss das Bundesgebiet von einem Hafen aus verlassen, der offizielle Grenzübergangsstelle ist. Hier werden die Grenzkontrollen durchgeführt.
- Um den Grenzübertritt außerhalb von Grenzübergangsstellen zu erleichtern, kann bei den Grenzschutzämtern eine so genannte *Grenzerlaubnis* bean-

tragt werden. Sie erlaubt das Verlassen und Betreten (Ein- und Ausreise) der Bundesrepublik Deutschland außerhalb der zugelassenen Grenzübergangsstellen bzw. an Grenzübergangsstellen außerhalb der festgesetzten Verkehrsstunden. Das heißt, es können alle deutschen Nord- und Ostseehäfen für die Ein- und Ausreise genutzt werden. Dies hat jedoch keinerlei Auswirkungen auf zollrechtliche Bestimmungen über die Ein- und Ausfuhr von Waren! In jedem Fall müssen aber weiterhin gültige Ausweis- und Bootspapiere mitgeführt werden. In die Grenzerlaubnis können auch Ehegatten sowie Kinder unter 18 Jahren eingetragen werden. Ansonsten benötigt jedes weitere Crewmitglied eine eigene Grenzerlaubnis.

- Ausführliche Informationen zum Thema »Reiseverkehr über See« und »Grenzerlaubnis« sowie Antragsformulare auf eine Grenzerlaubnis sind erhätlich bei: Bundesgrenzschutzamt See, Wieksbergstr. 54/0, 23730 Neustadt, T. 0 45 61 / 4 07 10, F. 1 64 47, E-Mail: post@bgsamt-see.de, Internet: www.bgsamt-see.de

- Die Regeln für die Meldepflicht und Kontrolle der Yachten sind nicht für alle Schengen-Länder einheitlich. Deshalb muss sich jeder Skipper vor dem Anlaufen von Häfen in anderen Schengen-Ländern über die entsprechenden Vorschriften dieser Länder informieren!

- Bei der Aus- und Einreise muss auch eine Ab- bzw. Anmeldung im Zollamt erfolgen. Ist dies nicht möglich, d. h. handelt es sich nicht um einen Zollhafen, muss zumindest die nächste Zollbehörde verständigt werden. Innerhalb von EU-Mitgliedsstaaten ist dann eine zollamtliche Meldung *nicht* erforderlich, wenn sich nur solche Waren an Bord befinden, die frei eingeführt werden dürfen und nicht abgabepflichtig sind.

- Ausführliche Hinweise zum Thema *Zoll* finden sich in dem »Merkblatt über deutsche Zollbestimmungen für Schiffsführer von Wassersportfahrzeugen«. Es kann angefordert werden bei der Oberfinanzdirektion Hamburg, Grenzreferat, Rödingsmarkt 2, 20459 Hamburg, T. 0 40 / 4 28 20 0, F. 4 28 20 25 47, E-Mail: poststelle@ofdhh.bfinv.de

*Verhalten bei den Behörden*
Beim Einklarieren verlässt zunächst nur der Skipper das Boot, um die Formalitäten beim Hafenamt und Zoll zu erledigen. Ein allzu laxes Auftreten vor den Be-

amten, womöglich mit nacktem Oberkörper und nur mit Badehose bekleidet, wird vermutlich ihr Missfallen erregen. Ein derartiges Auftreten bei einer deutschen Behörde würde vermutlich ähnliche Reaktionen nach sich ziehen. Auch Beamte im Ausland möchten entsprechend ihrer Stellung respektiert werden, ansonsten muss man damit rechnen, dass sich die Verwaltungsprozedur unnötig in die Länge zieht. Falls der Hafenmeister darum bittet, mit dem Landgang zu warten, bis er Polizei und Zoll verständigt hat, sollten sich Skipper und Crew unbedingt daran halten, auch wenn ein nahe gelegener Strand zum Baden einlädt.

## Fremdenverkehrsämter

Es empfiehlt sich vor Antritt einer Charterreise im Ausland in jedem Fall die Kontaktaufnahme mit dem betreffenden Fremdenverkehrsamt:

- Abklärung der jeweiligen gesetzlichen Bestimmungen (Ausweispflicht, Devisenbestimmungen, Führerscheinpflicht, Ein- und Ausreisebestimmungen etc.)
- Anforderung von Informationsmaterial über »Land und Leute«
- Einige Fremdenverkehrsämter haben Informationsschriften zum Thema »Wassersport« in ihrem Land herausgegeben. Dort finden sich dann die wichtigsten Fakten zu den gesetzlichen Bestimmungen, zum Teil auch Angaben zu Hafen- und Zollämtern, Yachthäfen, Küstenfunkstellen, Wetterberichten, Naturschutzgebieten, Fahrregeln, Seenotdiensten sowie Regeln zum Tauchsport.

Interessante Informationen über »Land und Leute« finden sich auch im Internet (z. B. www.schwarzaufweiss.de oder www.travel2001.de).

## Europäische Länder

### Baltikum (Estland, Lettland, Litauen)
Baltische Tourismus Zentrale, Salzmannstraße 152, 48159 Münster, T. 02 51 / 2 15 07 42, F. 02 51 / 2 15 07 43, info@gobaltic.de, www.gobaltic.de

176

## Dänemark
Dänisches Fremdenverkehrsamt, Glockengießerwall 2, 20095 Hamburg,
T. 0 40 / 32 02 10, F. 0 40 / 32 02 11 11, daninfo@dt.dk,
www.visitdenmark.com

## Finnland
Finnische Zentrale für Tourismus, Lessingstr. 5, 60325 Frankfurt,
T. 0 69 / 50 07 01 57, F. 0 69 / 7 24 17 25, finnland.info@mek.fi,
www.finland-tourism.com/de

## Frankreich
Maison de la France – Französisches Fremdenverkehrsamt, Westendstr. 47,
60325 Frankfurt, T. 0 19 05 / 7 00 25, F. 0 19 05 / 9 90 61,
info@franceguide.com, www.franceguide.com

## Griechenland
Griechische Zentrale für Fremdenverkehr, Neue Mainzer Str. 22, 60311 Frankfurt, T. 0 69 / 23 65 61/62/63, F. 0 69 / 23 65 76, info@gzf-eot.de,
www.gnto.gr

## Großbritannien
Visit Britain, Westendstraße 16–22, 60325 Frankfurt, T. 0 18 01 / 46 86 42
*oder* 0 69 / 97 11 23, F. 0 69 / 97 11 24 44, gb-info@visitbritain.org,
www.visitbritain.com/de

## Irland
Irland Information, Gutleutstr. 32, 60329 Frankfurt, T. 0 69 / 66 80 09 50,
F. 0 69 / 92 31 85 88, info@tourismireland.com, www.irland-ferien.de

## Island
Isländisches Fremdenverkehrsamt, Frankfurter Str. 181, 63263 Neu-Isenburg,
T. 0 61 02 / 25 44 84, F. 0 61 02 / 25 45 70, info@icetourist.de,
www.icetourist.de

## Italien

ENIT – Ente Nazionale Italiano per il Turismo, Kaiserstr. 65, 60329 Frankfurt, T. 0 69 / 23 74 34, F. 0 69 / 23 28 94, enit.ffm@t-online.de, www.enit.it

## Kroatien

Kroatische Zentrale für Tourismus, Kaiserstr. 23, 60311 Frankfurt, T. 0 69 / 2 38 53 50, F. 0 69 / 23 85 35 20, kroatien-info@gmx.de, www.kroatien.hr

## Malta

Fremdenverkehrsamt Malta, Schillerstr. 30–40, 60313 Frankfurt, T. 0 69 / 28 58 90, F. 0 69 / 28 54 79, info@urlaubmalta.com, www.visitmalta.com

## Niederlande

Niederländisches Büro für Tourismus, Pf. 270580, 50511 Köln T. 0 18 05 / 34 33 22, F. 0 18 05 / 34 33 20, info@niederlande.de, www.niederlande.de

## Norwegen

Norwegisches Fremdenverkehrsamt, Pf. 113 317, 20433 Hamburg, T. 0 18 05 / 00 15 48, F. 0 40 / 22 71 08 15, germany@ntr.no, www.visitnorway.com

## Polen

Polnisches Fremdenverkehrsamt, Kurfürstendamm 71, 10709 Berlin, T. 0 30 / 2 10 09 20, F. 0 30 / 21 00 92 14, info@polen-info.de, www.polen-info.de

## Portugal

Handels- und Touristikamt, Schäfergasse 17, 60313 Frankfurt, T. 0 69 / 23 40 94, F. 0 69 / 23 14 33, dir@icepfra.de, www.portugalinsite.com

## Russland

Russlandinfo, Eisenacherstr. 11, 10777 Berlin, T. 0 19 07 / 6 16 55, F. 0 30 / 78 60 00 41, info@russlandinfo.de, www.russlandinfo.de

## Schweden
Visit Sweden, Box 90, S-88122 Sollefteå, T. 0 08 00 / 30 80 30 80 *oder* 00 46 – 6 20 / 1 50 10, F. 00 46 – 6 20 / 1 50 11, info@swetourism.de, www.visit-sweden.com

## Slowenien
Slowenisches Fremdenverkehrsamt, Maximiliansplatz 12a, 80333 München, T. 0 89 / 29 16 12 02, F. 0 89 / 29 16 12 73, slowenien.fva@t-online.de, www.slovenia-tourism.si

## Spanien
Turespaña – Spanisches Fremdenverkehrsamt Myliusstr. 14, 60323 Frankfurt, T. 0 69 / 72 50 33/38, F. 0 69 / 72 53 13, frankfurt@tourspain.es, www.spain.info

## Türkei
Informationsabteilung des Türkischen Generalkonsulats, Baseler Str. 35–37, 60329 Frankfurt, T. 0 69 / 23 30 81/82, F. 0 69 / 23 27 51, suysal@reiseland-tuerkei-info.de, www.reiseland-tuerkei-info.de

## Zypern
Fremdenverkehrszentrale Zypern, An der Hauptwache 7, 60313 Frankfurt, T. 0 69 / 25 19 19, F. 0 69 / 25 02 88, cto_fra@t-online.de, www.visitcyprus.org.cy

## Außereuropäische Länder

## Anguilla
Tourist Board – Germany, Im Güldenen Wingert 8c , 64342 Seeheim, T. 0 62 57/ 96 29 20, F. 0 62 57 / 96 29 19, r.morozow@t-online.de *oder* atbtour@anguillanet.com, www.anguilla-vacation.com

### Antigua und Barbuda
Department of Tourism, Thomasstr. 11 , 61348 Bad Homburg, T. 0 61 72 / 2 15 04, F. 0 61 72 / 2 15 13, antigua-barbuda@karibik.org, www.karibik.de/antigua-barbuda

### Aruba
Tourism Authority, Pf. 1204, 64333 Seeheim, T. 0 62 57 / 96 29 21, F. 0 62 57 / 96 29 19, info@aruba.de, www.aruba.de *oder* www.aruba.com
*oder*
Travel Dutch Caribbean, Karlstr. 34, 64283 Darmstadt, T. 0 61 51 / 4 28 71 13, F. 0 6 1 51 / 85 15 04, travel@dutch-caribbean.de, www.dutch-caribbean.de

### Australien
Australian Tourist Commission, T. 0 69 / 2 74 00 60, F. 0 69 / 27 40 06 40, www.australia.com

### Bahamas
Tourist Office, Leipziger Str. 67d, 60487 Frankfurt, T. 0 69 / 9 70 83 40, F. 0 69 / 97 08 34 34, info@bahamas.de, www.bahamas.de

### Barbados
Tourism Authority – German Office c/o The Mangum Group, Herzogspitalstr. 5, 80331 München, T. 0 89 / 23 66 21 52, F. 0 89 / 2 60 40 09, germany@barbados.org, www.barbados.org

### Belize
Belize Tourist Board Germany, Bopserwaldstr. 40 g, 70184 Stuttgart, T. 07 11 / 23 39 47, F. 07 11 / 23 39 47 *oder* 23 39 54, btb-germany@t-online.de, www.travelbelize.org/german/html *oder* www.belizenet.com

### Bermuda
Bermuda Tourism, Carl-Orff-Str. 21, 85591 Vaterstetten, T. 0 81 06 / 30 98 60, F. 0 81 06 / 30 98 61, bermudatourism@aol.com, www.bermudatourism.com *oder* www.bermudatourism.de

## Bonaire
Travel Dutch Caribbean, Karlstr. 34, 64283 Darmstadt, T. 0 61 51 / 4 28 71 13,
F. 0 6 1 51 / 85 15 04, travel@dutch-caribbean.de *oder*
europe@tourismbonaire.com oder info@tourismbonaire.com,
www.dutch-caribbean.de oder www.infobonaire.com

## British Virgin Islands und Tortola / Jungferninseln
Tourist Board, Schwarzbachstr. 32, 40822 Mettmann, T. 0 21 04 / 28 66 71,
F. 0 21 04 / 91 26 73, bvi@travelmarketing.de, www.britishvirginislands.de

## Cayman Islands
Cayman Islands, Marketing Services International, Johanna-Melber-Weg 12,
60599 Frankfurt, T. 0 69 / 6 03 20 94, F. 0 69 / 62 92 64,
msi-germany@t-online.de, www.caymanislands.ky *oder* www.divecayman.ky

## Cook Islands
Cook Islands Tourism Corporation, Petersburger Str. 94, 10247 Berlin,
T. 0 30 / 42 25 60 26, F. 0 30 / 42 25 62 86, cooksrep@t-online.de,
www.cook-islands.com

## Curaçao
c/o Inter-Connect Marketing, Bayerstr. 16 a, 80335 München,
T. 0 89 / 51 70 30, F. 0 89 / 51 70 31 50, bp@inter-connect-marketing.de
oder info@curacao.de, www.curacao.de *oder* www.sonnenreisen.de
*oder*
Travel Dutch Caribbean, Karlstr. 34, 64283 Darmstadt, T. 0 61 51 / 4 28 71 13,
F. 0 6 1 51 / 85 15 04, travel@dutch-caribbean.de, www.dutch-caribbean.de

## Dominikanische Republik
Dominikanisches Fremdenverkehrsamt, Kaiserstr. 13, 60311 Frankfurt,
T. 0 69 / 91 39 78 78, F. 0 69 / 28 34 30, domtur@aol.com,
www.dominicanrepublic.com

**Fidschiinseln**
Fiji Visitors Bureau Europe, Petersburger Str. 94, 10247 Berlin,
T. 0 30 / 42 25 60 26, Fax. 0 30 / 42 25 62 86, fvbeurope@t-online.de,
www.bulafiji.com *oder* www.bulafiji.de

**Grenada**
Board of Tourismus, Schenkendorfstr. 1, 65187 Wiesbaden,
T. 06 11 / 2 67 67 20, F. 06 11 / 2 67 67 60, grenada@discover-fra.com,
www.discover-fra.com *oder* www.grenada.com

**Guadeloupe**
Fremdenverkehrsbüro Guadeloupe, Pf. 140212, 70072 Stuttgart
T. 07 11 / 5 05 35 11, F. 07 11 / 5 05 35 12, fva.guadeloupe@t-online.de,
www.karibik.de/guadeloupe

**Israel**
Staatliches Israelisches Verkehrsbüro, Friedrichstr. 95, 10117 Berlin,
T. 0 30 / 2 03 99 70, F. 0 30 / 20 39 97 30, israel@igtodeutschland.de,
www.goisrael.de

**Jamaica**
Tourist Board, Pf. 900 437, 60444 Frankfurt, T. 0 61 84 / 99 00 44,
F. 0 61 84 / 99 00 46, jtbgermany@t-online.de, www.jamaicatravel.com

**Kanada**
Canadian Tourism Commission c/o Lange Touristik Dienst, Pf. 200 247,
63469 Maintal, T. 0 18 05 / 52 62 32, F. 0 61 81 / 49 75 58,
canada-info@t-online.de, www.travelcanada.ca

**Karibik**
Arbeitsgemeinschaft Karibik e.V., Friedberger Anlage 21, 60316 Frankfurt,
T. 0 69 / 40 59 37 77, F. 0 69 / 40 59 37 76, info@karibik.de, www.karibik.de

## Kuba

Kubanisches Fremdenverkehrsamt, Kaiserstr. 8, 60311 Frankfurt,
T. 0 69 / 28 83 22/23, F. 0 69 / 29 66 64, info@cubainfo.de,
www.cubainfo.de

## Lateinamerika

Arbeitsgemeinschaft Lateinamerika, Domenecker Str. 19 , 74219 Möckmühl,
T. 0 62 98 / 92 92 77, F. 0 62 98 / 92 92 78, info@lateinamerika.org,
www.lateinamerika.org

## Malaysia

Malaysia Tourism Promotion Board, Am Rossmarkt 11, 60311 Frankfurt,
T. 0 69 / 28 37 82/83, F. 0 69 / 13 37 91 21, info@tourismmalaysia.de,
www.tourismmalaysia.de

## Malediven

Maldives Government, Tourist Information Office, Bethmannstr. 58,
60311 Frankfurt, T. 0 69 / 27 40 44 20, F. 0 69 / 27 40 44 22,
maldivesinfo.ffm@t-online.de, www.visitmaldives.com

## Martinique

touristmartinique@cgit.com, *oder* info@martinique.org,
www.touristofficemartinique.com, *oder* www.martinique.org

## Mexiko

Mexikanisches Fremdenverkehrsbüro, Taunusanlage 21, 60325 Frankfurt,
T. 0 69 / 25 35 09 oder 25 34 13, F. 0 69 / 25 37 55,
germany@visitmexico.com, www.visitmexico.com

## Montserrat

Montserrat Tourist Board, Pf. 701 423, 22047 Hamburg, T. 0 40 / 6 95 88 46,
F. 0 40 / 3 80 00 51, argylewi@gmx.net, visitmontserrat.com

## Neuseeland

Tourism New Zealand, Rossmarkt 11, 60311 Frankfurt, T. 0 69 / 9 71 21 10,
F. 0 69 / 97 12 11 13, info@newzealand.de, www.purenz.com *oder*
www.newzealand.de

## Puerto Rico

Tourism Company, Schenkendorfstr. 1, 65187 Wiesbaden, T. 06 11 / 2 67 67 10,
F. 06 11 / 2 67 67 60, puertorico@discover-fra.com, www.gotopuertorico.com

## Reunion

Fremdenverkehrsamt Reunion, Westendstr. 47, 60325 Frankfurt,
T. 0 69 / 97 59 04 94, F. 0 69 / 97 59 04 95, ctr.guetali@t-online.de,
www.la-reunion-tourisme.com

## Saba

Travel Dutch Caribbean, Karlstr. 34, 64283 Darmstadt, T. 0 61 51 / 4 28 71 13,
F. 0 61 51 / 85 15 04, travel@dutch-caribbean.de, www.dutch-caribbean.de

## St. Eustatius

Travel Dutch Caribbean, Karlstr. 34, 64283 Darmstadt, T. 0 61 51 / 4 28 71 13,
F. 0 6 1 51 / 85 15 04, travel@dutch-caribbean.de *oder*
euxtour@goldenrock.net, www.dutch-caribbean.de *oder*
www.statiatourism.com

## St. Kitts & Nevis

Tourism Office, Leonhardstr. 22, 61169 Friedberg, T. 0 60 31 / 73 76 30,
F. 0 60 31 / 72 50 81, st.kitts.nevis@airpasshome.de,
www.st-kitts-nevis.karibik.de

## St. Lucia

slutour@candw.lc *oder* stlucia@pwaxis.co.uk, www.stlucia.org

## St. Martin / St. Maarten

Travel Dutch Caribbean, Karlstr. 34, 64283 Darmstadt, T. 0 61 51 / 4 28 71 13,

F. 0 6 1 51 / 85 15 04, travel@dutch-caribbean.de
www.dutch-caribbean.de *oder* www.st-martin.org

### St. Vincent und Grenadinen
svgtourismeurope@aol.com *oder* tourism@caribsurf.com, www.svgtourism.com

### Surinam
Suriname Travel Organization, Lengnauerstr. 4, CH-5423 Freienwil,
T. 00 41 – 56 / 2 22 99 78, F. 00 41 – 56 / 2 22 34 77, suriname@gmx.net,
www.suriname.ch, *oder* www.surinam.org

### Tahiti
Tahiti Tourisme, Bockenheimer Landstr. 45, 60325 Frankfurt,
T. 0 69 / 9 71 48 40, F. 0 69 / 72 92 75, info@tahititourisme.de,
www.tahititourisme.de

### Thailand
Thailandisches Fremdenverkehrsamt, Bethmannstr. 58, 60311 Frankfurt,
T. 0 69 / 1 38 13 90, F. 0 69 / 13 81 39 50, info@thailandtourismus.de,
www.thailandtourismus.de

### Trinidad und Tobago
Tourist Office, Bahnhofplatz 4, 55116 Mainz, T. 0 61 31 / 7 33 37,
F. 0 61 31 / 7 33 07, tnt@bsg-net, www.visittnt.com

### Tunesien
Fremdenverkehrsamt Tunesien, Goetheplatz 5, 60313 Frankfurt,
T. 0 69 / 2 97 06 40, F. 0 69 / 2 97 06 63, fvatunesien@aol.com,
www.fva-tunesien.de

### Turks und Caicos Islands
tci.tourism@tciway.tc, *oder* info@turksandcaicostourism.com,
www.turksandcaicostourism.com

**USA**

Visit USA Committee Germany, Pf. 10 15 51, 64283 Darmstadt,
T. 0 19 07 / 8 00 78, F. 0 61 51 / 1 01 27 14, info@vusa-germany.de,
www.usa.de *oder* www.vusa-germany.de

**(US) Virgin Islands (St. Thomas, St. Croix, St. John) / Jungferninseln**
info@usvitourism.vi, www.usvi.net, *oder* www.usvitourism.vi

## *Internet*

Das Internet ist ein Medium, das aus der heutigen Gesellschaft nicht mehr weg-
zudenken ist. Es bietet auch dem Charterer sehr viele Möglichkeiten zum Infor-
mationsgewinn. So haben z. B. die meisten Vercharterer mittlerweile ihren Katalog ins Netz gestellt und bieten zum Teil sogar Online-Buchungsmöglichkei-
ten. Wie beim Online-Shopping der Yachtausrüster können die Produkte und
Preise der verschiedenen Anbieter direkt miteinander verglichen werden, ohne
dass man erst Kataloge anfordern und zu Hause sammeln muss. Außerdem
kann man mittels Internet zu praktisch jedem charterrelevanten Thema, ange-
fangen vom Revier über Wetterinformationen bis hin zu Tipps zur Seemannschaft, umfangreiche Recherchen anstellen.

Bedenken muss man jedoch, dass sich die Webseiten zum Teil erheblich hinsichtlich ihres Inhalts und ihrer Aktualität unterscheiden. Deshalb sollte man immer berücksichtigen, von wem die Webseite stammt, d. h. welche Organisation
oder Person für ihren Inhalt verantwortlich ist, um abschätzen zu können, wie
solide die angegebenen Informationen recherchiert bzw. hinterfragt sind. Nicht
unterschätzt werden darf die Tatsache, dass viele Internetpräsenzen überhaupt
nicht oder nur unzureichend gepflegt und aktualisiert werden. Deshalb sollte
auch immer ein Blick auf das Datum (»Letzte Änderung«) geworfen werden,
um sich zu vergewissern, ob die dargestellten Informationen nicht schon ver-
altet bzw. überholt sind.

## Internet-Tipp

Ein absolutes »Muss« für jeden Charterer, der einen Internetanschluss besitzt, ist (mindestens) ein Besuch der größten deutschsprachigen Internetpräsenz zum Thema Segeln, nämlich die Website Yacht-online: www.yacht.de Darin finden sich umfangreiche Informationen zu allen charterrelevanten Themen wie z. B. Charterverträge, Rechtsfragen, Bootstests, Wetterinformationen, Revierreportagen und Datenbanken, interaktive Bereiche mit Foren, Umfragen und Unterhaltung sowie eine äußerst umfangreiche Linksammlung, die praktisch keine Wünsche offen lässt.

## Suchmaschinen

Um die »unendlichen« Möglichkeiten des Internets sinnvoll zu nutzen, ist man in vielen Fällen auf die Hilfe einer Suchmaschine angewiesen. Dazu eignen sich z. B. die folgenden Suchprogramme: www.google.de und http://aquasearch.de

## Verlage und Zeitschriften

Für den Charterer kann es sinnvoll sein, sich durch den Kauf von Törnführern oder maritimen Reiseführern oder seglerischer Fachliteratur z. B. zu Themen wie Seemannschaft, GPS, Radar oder Medizin an Bord auf seinen Törn vorzubereiten.

Mehrere Verlage bieten Bücher, Videos und CD-ROMs mit interessanten Inhalten für Segler und Motorbootfahrer an. Das entsprechende Programm kann im Fachbuchhandel oder im Internet eingesehen werden.

Es existieren mehrere deutschsprachige Zeitschriften, die sich an Segler und Motorbootfahrer wenden. Darin werden in unterschiedlichem Maß auch charterrelevante Themen abgehandelt. Einige Zeitschriften (z. B. »Yacht« und »boote«) können für den Charterer auch durch ihren großen Vercharterungs-Anzeigenmarkt interessant sein.

## Bootsmessen

Auf den folgenden drei überregionalen Bootsmessen kann sich der potenzielle Charterkunde in vielfältiger Hinsicht informieren. Während ihm im Katalog die Charteryachten nur als Abbildung oder Grundriss begegnen, kann er sie auf einer Bootsausstellung direkt in Augenschein nehmen und ihr Innenleben erkunden. Ist z. B. die Stehhöhe ausreichend, ist die Navigationsecke geräumig genug, kann man in der Koje bequem liegen? Dies sind alles Fragen, die sich »vor Ort« wesentlich besser als mittels Katalog, mag er auch noch so schöne Bilder enthalten, beantworten lassen.

Auf den Bootsmessen präsentieren und verkaufen aber nicht nur Bootshersteller ihre Produkte, sondern auch verschiedenste andere Aussteller wie z. B. Ausrüstungsfirmen, Verlage und Seekarten-Vertriebsstellen. Daneben sind auch viele Vercharterer vertreten und informieren die Kunden über ihre Angebote. Zusätzlich bieten sich dem interessierten Messebesucher vielfältige Möglichkeiten, charterrelevante Informationen an den Ständen anderer Firmen, Organisationen oder Segelschulen einzuholen.

- boot (Internationale Bootsausstellung Düsseldorf): www.boot-online.de
- Interboot (Internationale Wassersport-Ausstellung in Friedrichshafen): www.interboot.de
- hanseboot (Internationale Bootsausstellung Hamburg): www.hanseboot.de

## Verbände und Vereine

### Kreuzer-Abteilung (KA) des Deutschen Segler-Verbandes e.V.
– Geschäftsstelle –, Gründgensstr. 18, 22309 Hamburg, T. 0 40 / 6 32 00 90
F. 0 40 / 63 27 38 73, info@kreuzer-abteilung.org, www.kreuzer-abteilung.org
Informationsstelle Mittelmeer der KA, T. 07 00 / 63 23 23 26, F. 0 40 / 63 20 09 28,
mittelmeer-info@kreuzer-abteilung.org

Die Kreuzer-Abteilung ist eine Fachabteilung des Deutschen Segler-Verbandes. Ihre Aufgabe ist es, den Fahrtensegelsport sowie das Fahren unter Motor auf See, an der Küste, auf den Seeschifffahrtsstraßen und auf allen Binnengewässern zu unterstützen und zu fördern. Im Vordergrund steht dabei die Betreuung und Beratung der KA-Mitglieder. Diese können sich mit allen Fragen oder Problemen, die mit dem Chartern zusammenhängen, an die KA-Geschäftsstelle oder an die Informationsstelle Mittelmeer wenden. So beantwortet die KA z. B. Anfragen zu folgenden Themen: rechtliche Fragen des Charterns, gesetzliche Vorschriften für die Ein- und Ausreise, Personalpapier- und Devisenbestimmungen,

Wetter, Gezeiten, navigatorische Besonderheiten, Häfen, Ankerplätze, Versorgungsmöglichkeiten und vieles andere mehr. Die KA veranstaltet auch diverse Lehrgänge (z. B. Praxis-Chartertraining, Skippertraining für Frauen, Motor- und Elektrokunde, Sicherheitstraining, Wetterkunde). Weiterhin unterhält die KA für ihre Mitglieder mehr als 40 sehr informative Service-Broschüren (u. a. »Chartern – aber richtig!«, »Zeiten und Frequenzen der gesprochenen Seewetterberichte«, »Törns in die Ostsee«, »Wassersport in Kroatien«, »Der Zoll informiert«).

## ADAC – Sportschifffahrt

Am Westpark 8, 81373 München, T. 0 89 / 7 67 60, F. 0 89 / 76 76 47 07
sportschifffahrt@zentrale.adac.de, www.adac.de/ReiseService/Sportschifffahrt

Die ADAC-Sportschifffahrt hat Verzeichnisse von Charterfirmen in Europa und Übersee als Merkblätter ohne Werturteil herausgegeben, die ADAC-Mitglieder kostenlos anfordern können.

Folgende Länder sind gelistet: Deutschland, Frankreich, Spanien, Portugal, Niederlande, Großbritannien, Irland, Skandinavien, Übersee (Teil 1) sowie Italien, Malta, Kroatien, Slowenien, Griechenland, Türkei (Teil 2). Diese Informationen sind auch im Internet abrufbar.

Die Aufstellungen erheben keinen Anspruch auf Vollständigkeit. Neben der Charterfirma werden der Liegeplatz, der Bootstyp, die Anzahl der Kojen, der Preis pro Woche sowie weitere nützliche Hinweise genannt. Für die Informationen, die auf Angaben der einzelnen Vercharterer beruhen, wird keine Gewähr übernommen.

Die Merkblätter des ADAC enthalten darüber hinaus Hinweise, worauf man beim Chartern achten soll, speziell »Vor Vertragsabschluss« und »Bei Übernahme des Bootes«. Für Mitglieder gibt es ferner »Wassertouristische Informationen« für verschiedene europäische Wassersportreviere sowie als Ergänzung ein ADAC-TourSet über das jeweilige Urlaubsgebiet.

### Arbeitskreis Charterboot (AKC)

– Geschäftsstelle –, Gunther-Plüschow-Str. 8, 50829 Köln, T. 02 21 / 59 57 10 F. 02 21 / 5 95 71 10, info@charterboot.net, www.charterboot.net

Der Arbeitskreis Charterboot (AKC) vertritt die Interessen der Yacht-Charterbranche innerhalb des *Bundesverbandes Wassersportwirtschaft e.V.* (BWVS). In ihm sind professionelle Charter-Direktanbieter sowie -agenturen vertreten. Ziel des AKC ist es, durch strenge Aufnahmekriterien und regelmäßigen Gedankenaustausch ein seriöses Angebot der angeschlossenen Unternehmen zu gewährleisten.

Auf der Homepage des AKC finden sich eine Übersicht der angeschlossenen Unternehmen, eine Datenbank zur Auswahl des gewünschten Bootstyps und/oder des gewünschten Reviers, Revier- und Törnbeschreibungen, Tipps zum Chartervertrag und zu erforderlichen Versicherungen, Checklisten für Charterer, Hinweise zum Wetter des ausgewählten Reviers sowie weitere nützliche Informationen.

### Vereinigung Deutscher Yacht-Charterunternehmen e.V. (VDC)

– Geschäftsstelle –, 50667 Köln, Unter Käster 1, T. 02 21 / 1 20 74 09, F. 02 21 / 1 20 74 13, info@vdc.de, www.vdc.de

Die Vereinigung Deutscher Yacht-Charterunternehmen ist ein Zusammenschluss von Charterfirmen in der Bundesrepublik Deutschland. Sie ist Mitglied im Deutschen Boots- und Schiffbauerverband e.V. (DBSV) sowie im Deutschen Tourismusverband e.V. (DTV).

Die VDC empfiehlt ihren Mitgliedern die Einhaltung von Richtlinien für eine optimale Durchführung der Yachtcharter. Als grundlegend wird dabei von der VDC das Bestreben nach fairer Partnerschaft zwischen Vercharterer und Charterer sowie die ständige Verbesserung der Standards von Charteryachten in Bezug auf Sicherheit, Ausrüstung und Ausstattung genannt. In diesen Richtlinien finden sich konkrete Empfehlungen zu Werbung, Chartervertrag, Chartergebühren, Übergabe der Yacht sowie zur Ausrüstung.

Die Schiedsstelle des VDC bietet als Service die außergerichtliche Schlichtung von Streitfällen zwischen Charterkunden und -unternehmen mit Wohn- bzw. Betriebssitz in der Bundesrepublik Deutschland an. Die Jury der VDC-Schiedsstelle setzt sich aus vier Branchenexperten zusammen: ein in der Yachtcharter-branche spezialisierter Rechtsanwalt, ein Fachjournalist, ein fachkompetenter Charterkunde sowie ein neutrales VDC-Mitgliedsunternehmen. Unabhängig davon, ob die Schiedsstelle zu einem Streitfall mit einem VDC-Mitglied oder einem Nichtmitglied angerufen wurde, geben die Jurymitglieder eine verbindliche Stellungnahme der VDC ab. Für die Entscheidung der Jury werden Verwaltungsgebühren erhoben, die vom Streitwert sowie von einer Mitgliedschaft des Charterunternehmens in der VDC abhängig sind.

Auf der Homepage der VDC finden sich eine Übersicht der Mitgliedsfirmen, die VDC-Richtlinien, ausführliche Informationen zu den verschiedenen Charterrevieren, Hinweise zu speziellen Sicherheitsleistungen der VDC sowie weitere nützliche Informationen.

## Wetter

Ein schier unerschöpfliches Angebot an Informationen zum Thema Wetter (u.a. Frequenzen und Sendezeiten der gesprochenen Seewetterberichte) existiert im Internet. Eine umfangreiche Linksammlung mit zum Teil sehr empfehlenswerten Webseiten (z. B. www.wetterklima.de) für den Yachtcharterer findet sich auf der »Yacht«-Homepage (www.yacht.de).

Eine Möglichkeit, sich aktuell zu informieren, ist das so genannte »Wetter per Handy«. Mehrere Anbieter versenden mehrmals täglich Wetterprognosen per SMS (Short Message Service) auf das Display des Mobiltelefons (Informationen z. B. unter www.yacht.de). So erhält man z. B. für ein bestimmtes Revier Daten über Windrichtung, und -stärke, Wassertemperatur, Wellenhöhe, Wetterart sowie Tag und Uhrzeit.

# Stichwortverzeichnis